华中农业大学公共管理学院学科建设经费资助
国家自然科学基金项目"农地整理项目建后管护模式的绩效及其影响机理研究：'结构—行为—绩效'的范式"（71403094）的研究成果

农地整理项目建后管护的农民参与及绩效研究

赵 微 著

科学出版社

北 京

内 容 简 介

本书致力于围绕农地整理项目建后管护的农民参与和绩效机理开展系列研究，总结农地整理项目建后管护的实践经验，揭示农民参与建后管护的内在机理，建立管护绩效的评价模型，探讨管护绩效的影响机理。研究成果将作为农地整理项目建后管护制度改革的重要导向和决策依据，推动农地整理项目建后管护的实践创新，以实现提高农村公共服务资源配置效率、改善乡村治理机制的目标。

本书可作为各类土地资源管理人员尤其是农地整理业务从业人员开展建后管护工作的理论指导用书，亦可作为相关领域研究人员及本科生、研究生的参考用书。

图书在版编目（CIP）数据

农地整理项目建后管护的农民参与及绩效研究/赵微著. —北京：科学出版社，2018.10

ISBN 978-7-03-059078-7

Ⅰ. ①农… Ⅱ. ①赵… Ⅲ. ①农民-参与管理-农业用地-土地整理-研究-中国 Ⅳ. ①F321.1

中国版本图书馆 CIP 数据核字（2018）第 235534 号

责任编辑：邓 娴 / 责任校对：贾伟娟
责任印制：吴兆东 / 封面设计：无极书装

科 学 出 版 社 出版
北京东黄城根北街 16 号
邮政编码：100717
http://www.sciencep.com

北京虎彩文化传播有限公司 印刷
科学出版社发行 各地新华书店经销
*

2018 年 10 月第 一 版 开本：720×1000 B5
2018 年 10 月第一次印刷 印张：10 1/4
字数：207 000

定价：72.00 元
（如有印装质量问题，我社负责调换）

前　言

　　农地整理项目的实施流程一般分为项目选址与立项决策、规划设计与预算编制、项目施工与竣工验收、建后管护等若干阶段。农地整理项目的建后管护是指管护主体受让管护权后通过具体管护措施维系土地平整、灌溉排水、田间道路、农田防护与生态保护等基础设施及设备的正常运行，并对使用中发生的纠纷矛盾进行调处，以保证农地整理项目的预期收益及其可持续利用，是实现农民增收、农业增效、农村发展的有效措施。但在现实世界中农地整理项目建后管护依然陷入农村公共产品供给"重建设、轻管护"的传统困境，管护制度不完善、农民参与不充分、管护绩效不佳严重制约了农地整理事业的可持续发展。

　　在此背景下，农地整理项目建后管护相关问题研究的重要性得到学界和业界的一致认可。本书将重点关注下列问题：①当前我国农地整理项目建后管护的典型经验和工作流程有哪些？除了传统的集体管护，还有哪些新兴的管护模式？从政策层面上来看，中央和地方出台了哪些管护制度？这些政策文本是否存在一定的演进规律？②农地整理项目建后管护的农民参与特征有哪些？农民参与态度、参与意愿、参与行为之间有无明显差异？哪些因素导致了上述差异的产生？如何激发和促进农民参与建后管护的积极性？③如何构建合理的农地整理项目建后管护绩效评价模型？如何准确解读地区之间的农地整理项目建后管护绩效的差异？④如何科学地运用经济学理论和管理学模型全面阐释农地整理项目建后管护绩效的影响机理？如何刻画管护制度和农民参与对管护绩效的作用路径？本书将遵循"管护制度—管护行为—管护绩效"的总体思路，在全面考察农地整理项目建后管护政策文本的基础上，分析农地整理项目建后管护农民参与的行为逻辑，运用科学的理论工具揭示管护绩效的影响因素及影响规律，以期解决"如何提升农地整理项目建后管护绩效"这一核心科学问题。本书研究成果将体现土地管理科学理论对现实世界的解释力，为构建农地整理项目全过程管理的完整理论体系做出学术贡献。同时，本书的研究成果可作为农地整理项目建后管护制度改革的重要导向和决策依据，进一步完善制度环境、优化制度结构、提升制度绩效；加快建立专业的管护组织或机构承担管护职责，促进人力、财力、物力的有效整合，以实现提高农村公共服务资源配置效率、改善乡村治理机制的最终目标。

　　本书是国家自然科学基金项目"农地整理项目建后管护模式的绩效及其影响

机理研究：'结构—行为—绩效'的范式"（71403094）的研究成果。感谢华中农业大学公共管理学院杨钢桥教授在研究过程中给予的指导和支持，感谢研究生李金玉、周惠、汪飞腾及路荣荣等同学对本书的贡献。本书的出版得到华中农业大学公共管理学院的资助。

赵 微

2018 年 6 月

目 录

第一章 绪论 ·· 1
  第一节 本书写作背景 ··· 1
  第二节 本书写作目的 ··· 4
  第三节 本书写作意义 ··· 5
第二章 农地整理项目建后管护的实践经验及政策演进 ···················· 6
  第一节 农地整理项目建后管护典型经验 ····································· 6
  第二节 农地整理项目建后管护流程 ·· 8
  第三节 农地整理项目建后管护模式 ·· 9
  第四节 农地整理项目管护政策的演进 ······································· 13
第三章 农地整理项目建后管护的农民参与研究 ···························· 25
  第一节 农地整理项目建后管护的农民意愿 ······························· 25
  第二节 农地整理项目建后管护的农民意愿与态度差异 ············· 32
  第三节 农地整理项目建后管护的农民行为 ······························· 42
  第四节 农地整理项目建后管护的农民意愿—行为转化 ············· 50
第四章 农地整理项目建后管护的绩效差异研究 ···························· 59
  第一节 研究区域与数据来源 ·· 59
  第二节 建后管护绩效评价 ··· 63
  第三节 建后管护绩效差异 ··· 65
第五章 农地整理项目建后管护绩效的影响机理 ···························· 75
  第一节 "结构—行为—绩效"范式下的农地整理项目建后管护绩效
        影响机理 ·· 75
  第二节 基于分位数回归的农地整理项目建后管护绩效影响机理 ··· 84
  第三节 基于结构方程模型和中介效应的管护绩效影响机理 ······ 94
  第四节 基于公共部门绩效管理的管护绩效影响机理 ··············· 106
  第五节 基于交易费用理论的管护绩效影响机理 ······················ 115
  第六节 效率与公平视角下管护绩效的影响机理 ······················ 126
参考文献 ·· 140
附录 ··· 146
  调查问卷 ··· 146

第一章 绪　　论

第一节　本书写作背景

一、农地整理项目广泛实施

1998年颁布的《中华人民共和国土地管理法》的第四十一条中明确规定"国家鼓励土地整理",同时指出:"县、乡(镇)人民政府应当组织农村集体经济组织,按照土地利用总体规划,对田、水、路、林、村综合整治,提高耕地质量,增加有效耕地面积,改善农业生产条件和生态环境。地方各级人民政府应当采取措施,改造中、低产田,整治闲散地和废弃地。"《全国土地开发整理规划(2001—2010年)》进一步指出,该规划包含土地整理、土地复垦和土地开发三项内容,《全国土地整治规划(2011~2015年)》将上述概念统一为"土地整治",并将其内涵定义为"对低效利用、不合理利用和未利用的土地进行治理,对生产建设破坏和自然灾害损毁的土地进行恢复利用,以提高土地利用率的活动,包括农用地整理、土地开发、土地复垦、建设用地整治等"。

自1999年国土资源部在全国设立20个土地开发整理示范区以来,土地整理项目全面启动并大规模展开(李学瑞等,2009),逐步由自然性工程转变为综合性社会工程,成为保发展、守红线、促转变、惠民生的重要抓手和基础平台,并不断上升为国家层面的战略部署,对促进粮食安全、社会主义新农村建设、城乡统筹发展和节约优先等国家战略起到重要的支撑作用。据《中国国土资源公报》显示(表1.1),2011~2016年全国验收土地整治项目总计8.95万个,累计投资2668.38亿元,整治规模总计达到1360.41万公顷,新增耕地面积总计163.38万公顷。农地整理项目的广泛实施必然对项目建后管护提出更高的要求。

表1.1　全国2011~2016年土地整治项目统计

年份	项目数量/万个	资金/亿元	规模/万公顷	新增耕地面积/万公顷
2011	1.08	457.10	73.79	23.37
2012	2.05	691.19	250.41	46.56
2013	2.05	442.64	240.10	34.63
2014	1.48	245.90	301.15	25.56
2015	0.95	212.80	161.23	15.68

续表

年份	项目数量/万个	资金/亿元	规模/万公顷	新增耕地面积/万公顷
2016	1.34	618.75	333.73	17.58
总计	8.95	2668.38	1360.41	163.38

资料来源：2011~2016年《中国国土资源公报》。

根据《全国土地整治规划（2016~2020年）》，全国"十二五"期间通过农用地整理，建成高标准农田4.03亿亩[①]，耕地质量平均提高1个等级、亩产平均提高10%~20%，新增粮食产能373.68亿公斤[②]；开展农用地整理，加强农田基础设施建设，建成田间道路886.8万公里[③]，修建排灌沟渠867.4万公里，种植农田生态防护林1.1亿株。考虑到农地整理的项目数量、资金投入、建设规模在我国土地整治项目中所占的比重，以及其在保障国家粮食安全、统筹城乡发展、促进经济社会全面协调可持续发展中的重要功能，本书以农地整理项目为主要研究对象。

二、农地整理项目陷入"管护困境"

农地整理项目的流程一般分为项目选址与立项决策、规划设计与预算编制、项目施工与竣工验收、建后管护等若干阶段。农地整理项目的建后管护是由建设主体将完工的农业基础设施及设备移交给管护主体，管护主体受让管护权后通过发挥正式制度与非正式制度的激励和约束效应，以具体管护措施维系土地平整、灌溉排水、田间道路、农田防护与生态保护等基础设施及设备的正常运行，并对基础设施及设备使用中发生的纠纷矛盾进行调处，保证农地整理基础设施及设备的可持续利用并促进乡村社会的和谐发展（赵微等，2017）。农地整理项目建后管护是项目基础设施发挥作用和实现农地整理项目综合效益的重要保障，也是实现农民增收、农业增效，保持农村经济可持续发展的有效措施。

在管护范围方面，《国家农业综合开发土地治理项目工程管护暂行办法》（国农办〔2008〕183号）第五条规定了农发工程[④]管护范围包括以下内容：第一，水利工程。小型水库、山塘、拦河坝、灌排站、机电井及其配套设施等；灌排渠道及配套建筑物；节水灌溉工程及配套设施等。第二，农业工程。农田机耕路、农业机械；用于良种繁育和技术推广的仓库、晒场等工程设施和配套设备；用于牧

[①] 1亩≈666.7平方米。
[②] 1公斤=1千克。
[③] 1公里=1千米。
[④] 农发工程在该办法中指国家立项的地方农业综合开发土地治理项目的中低产田改造项目和生态综合治理项目建成的各类工程。

区草场改良的围栏、青贮窖、饲料加工及牲畜棚圈等。第三，林业工程。农田防护林、防风固沙林、水源涵养林、水土保持林及配套工程设施等。第四，其他工程及其配套设施、设备，农发项目区公示牌、农发工程标志等。《湖北省土地开发整理项目工程交付使用后期管护暂行办法》对农地整理项目建后管护的内容也有类似的规定。第一，对农田水利工程建筑物进行管护，确保排灌站、井房、沟渠、桥、涵、闸、配电设施的完好，能够正常使用；第二，对田间道路、农田林网等进行管护，确保道路系统的完整，保障通行的畅通和农田林网、水土保持等系统的完好，满足项目区的生产生活需要（李金玉，2016）。

根据调查，农地整理项目依然陷入农村公共产品供给"重建设、轻管护"的传统困境。吴九兴和杨钢桥（2013）对湖北武汉、咸宁、鄂州等地的390份农户进行调研的数据显示，仅有13位农民参与建后管护（占3.3%），农地整理项目建后管护过程中农民参与比例较低，远低于参与过农地整理项目其他流程的188人（占48.2%）。周惠等（2017）对河南邓州和湖北团风的440份农地整理项目进行调查问卷的结果显示，有25.7%的农民实施过设施维护、纠纷调处、破坏劝阻、日常巡查等建后管护行为。赵微和吴诗嫚（2016）的调查结果显示，相对于82.2%的农民具有农地整理项目建后管护意愿，仅有7.6%的被调查农民实施过建后管护行为，农民的建后管护行为与建后管护意愿差距明显。在农地整理项目建后管护意愿专题调查中，吴九兴和杨钢桥（2014）的调查显示，湖北武汉、咸宁、鄂州等地的390位调查对象中，有265位农民愿意参与建后管护（占67.9%），其中有174位农民选择投劳[①]参与，其余的91位农民选择投资参与。而另一项研究也呈现出相似的结果：在湖北监利、仙桃等地的342位调查对象中，284位农民（占83.0%）具有农地整理项目建后管护意愿，其中，有156位农民选择以投劳的方式参与建后管护，但是劳动时间主要集中在4~9天（占62.2%），且没有农民愿意劳动1个月以上；余下的128位农民选择以投资的方式参与建后管护，且投资额度普遍不高，高于30元/（亩·年）的农民仅占9.4%（张海鑫，2013）。由此可见，尽管在行动上无法实现农地整理项目建后管护的一致性，但普通农民往往具有强烈的建后管护意愿，该现象应当引发我们的深思。

三、农地整理项目建后管护绩效亟须提升

农地整理项目建后管护绩效是对农地整理项目建后管护效果的主观或客观的评价，其目的是衡量农地整理是否实现了既定目标，分析其在增加耕地面积、改善耕地质量、改善生态环境、促进农村社区综合治理、保障粮食安全等方面的成果（赵微和吴诗嫚，2016）。我国农地整理项目建后管护在制度建设、资金投入、

[①] 投劳指无偿的劳动投入；投资指资金投入，以此代替劳动投入。

设施产权、管理监督等方面均缺乏相应的保障，导致管护绩效不佳，这不仅影响了农地整理项目效益的发挥，也制约了农地整理事业乃至土地资源利用的可持续发展。

熊凯（2012）对湖北、湖南这两省四县市 305 户农户的调查研究表明，农民对农地整理项目建后管护反响强烈，其中，沟渠设施的主要管护问题为沟渠淤堵，道路设施的主要管护问题为路面破损，泵站设施的主要问题表现为设施破损。沟渠设施、道路设施、泵站设施的具体管护问题及其农民反响程度如表 1.2 所示。

表 1.2 各类工程设施的管护问题

项目设施	主要问题	次要问题	其他问题
沟渠设施	沟渠淤堵（63.9%）	设施破损（58.4%） 用水纠纷（32.5%）	利用率低下（21.3%）
道路设施	路面破损（58.7%）	堆放杂物、阻碍通行（44.6%） 超限超载（43.6%）	路面挖损与设计标准过低（15.1%）
泵站设施	设施破损（47.6%）	用水纠纷（42.2%） 设备被盗（32.7%）	利用率低下（29.9%）

资料来源：熊凯（2012）

胡珍（2014）从管护主体、管护制度、管护资金、管护措施、田块平整、灌溉排水、田间道路、农田防护等方面对湖北沙洋、潜江、公安、宜都、孝南等地的 7 个农地整理项目开展建后管护绩效评价，根据最大隶属度原则判断绩效等级。评价结果显示：7 个项目中仅沙洋李市项目的综合绩效水平较高；潜江渔洋项目、公安闸口"兴地灭螺"项目、公安闸口基本农田项目、宜都高坝洲项目的四个项目综合绩效评价结果为一般；孝南三汊项目与肖港项目的综合绩效评价结果均较差。赵微等（2017）以湖北省赤壁市黄盖湖农场和嘉鱼县潘家湾镇的田块平整工程、灌溉工程、道路工程、防护林工程、村庄整治工程的管护情况进行了对比，测度结果显示，赤壁市和嘉鱼县受访农民对农地整理项目建后管护的绩效水平为 3.023，绩效等级处于一般与比较满意之间；其中，赤壁市黄盖湖农场的绩效水平为 3.213，绩效等级处于一般与比较满意之间，嘉鱼县潘家湾镇的绩效水平为 2.816，绩效等级处于不满意与一般之间。对农地整理项目建后管护绩效不佳的现实无疑应当展开深入研究。

第二节　本书写作目的

（1）总结农地整理项目建后管护的实践规律，从典型经验、工作流程、模式分类、政策演进等方面全面阐述农地整理项目的建后管护特征。

（2）揭示农地整理项目建后管护农民参与的内在机理，研究农民意愿、农民态度、农民行为的决定因素及其相互作用机理，分析态度—意愿—行为之间转化的障碍因子。

（3）建立农地整理项目建后管护的绩效评价模型，开展不同管护模式下的农地整理项目建后管护绩效研究，比较典型模式下农地整理项目建后管护的绩效差异。

（4）基于多元化的分析框架，研究农地整理项目建后管护绩效的影响机理，在理论研究和实证分析的基础上，提出优化农地整理项目建后管护的政策建言和制度安排。

第三节 本书写作意义

本书写作的理论意义在于进一步完善农地整理项目建后管护的农民参与和绩效研究。本书尝试在全面考察农地整理项目建后管护实践的基础上，分析农地整理项目建后管护农民参与的行为逻辑，运用科学的理论工具揭示管护绩效的影响因素及影响规律，以期解决"如何提升农地整理项目建后管护绩效"这一科学问题。本书研究成果将体现管理科学理论对现实世界的解释力，为构建农地整理项目全过程管理的理论体系做出学术贡献。

本书写作的实践意义在于推动农地整理项目建后管护的制度改革和实践创新。本书将研究理论成果作为农地整理项目建后管护制度改革的重要导向和决策依据，以进一步完善制度环境、优化制度结构、提升制度绩效；加快建立专业的管护组织或机构承担管护职责，促进人力、财力、物力的有效整合，以实现提高农村公共服务资源配置效率、改善乡村治理机制的最终目标。

第二章　农地整理项目建后管护的实践经验及政策演进

第一节　农地整理项目建后管护典型经验

我国国土面积辽阔、农村社会经济水平发展不平衡、资源禀赋差异较大，各地根据实际情况开展了各具特色的农地整理项目建后管护实践。现将部分典型经验介绍如下（李金玉，2016）。

湖北省南漳县探索形成了以"责任制+共有制+拍卖制"的"三加制"农地整理项目建后管护模式，将落实管护责任制、产权利益共有制、管护经费源于拍卖制有机结合起来，明确建后管护责任主体，落实管护资金，调动各方面积极性，加强农地整理项目区内全部基础性设施的管护。在落实管护主体上，项目区内的所有主渠交由项目区所在地的水利服务中心管理、维护和修缮；项目区内的所有农渠交由村委会集体管理、维护；对于项目区内小型堰塘、泵站等单体设施的经营权，由乡镇政府组织进行拍卖，以承包管理或联营的方式落实管护主体；项目区内的管道、道路的林网实行分段公开拍卖给农户的方式落实管护主体，使项目区的所有设施真正得到管护。在管护资金的落实上，一是以合同制的形式约定地方政府水利、水务综合服务中心每年在收取的水费中按照8%的标准提取末端沟渠维修费，并交给村集体管理使用，作为项目区农渠等大型水利设施的管护费用；二是以拍卖制的形式将项目区单体水利设施经营权进行拍卖，所得的款项由村集体管理使用，用于项目区农渠、桥、涵等小型设施的后期维护；三是从项目增加耕地（新增耕地作为农村集体经济田）承包费中提取15%作为管护经费，主要用于路网、林网等基础设施的维护。以上所有管护经费在落实管护专人后，一次性付给项目区所在地的村民委员会或相应的管护主体，任何单位和个人不得挤占、挪用、截留。在管护责任上，由项目区人民政府负责，层层签订管护合同，落实管护责任制，并实行管护奖惩机制。

山东省平邑县铜石镇在基本农田整理项目建后管护工作方面实行了新举措。在水利工程维护中，铜石镇成立由水利站牵头的用水协会，采取公开竞标方式，择优确定各水利泵站承包人，根据泵站所控灌溉面积，向用水协会缴纳承包费用和每泵2万元保证金，签订承包使用协议。协会根据当地实际，规定了群众灌溉一次的费用不得超过每亩40元的限价，如有违反，群众可直接向协会投诉，查实后，将直接从承包人保证金中扣除相应数额的罚款。承包人在承包期内负责所承包水利工程的管护和维修,对于因各类盗、损引起的水利工程不能正常使用,承包人必须及时维修,及时更换机件,保证群众的正常使用,否则协会将组织维修,从承包人保证金中扣除相应价款,并视情节处以一定数额的罚款。在道路、桥涵及林网等工程中,镇政府成立专职看护、维修队,加强日常监管,从水利工程承包费用和罚款中列支道路、行道树等工程的日常维护管理、维修和保养。此外,县国土资源局加强动态监督巡查,发现问题,及时告知各方,及时采取措施,并配合镇政府加强日常宣传,统一群众思想,增强群众做好管护工作的责任感和自觉性,建立了项目工程群管群护机制。目前,项目工程特别是水利和道路工程管护完好,运转正常,发挥了重要的作用。

河南省邓州市为切实落实农地整理项目造福于民的目标,贯彻村级、乡级、市级的三级联动工作方法加强农地整理项目建后管护工作。其中,村级对已接收的项目工程资产、使用过程中及时对损坏的工程做好记录并上报乡镇管理单位;国土资源局在乡镇国土资源局(所)设专职管护员,对辖区内移交项目进行动态巡查,每月不少于 4 次,在每月土地管护例会上对本辖区巡查情况进行汇报,市土地管护人员对全市移交项目进行动态巡查,收集乡、村所报信息,及时向上级领导汇报并做好档案数据管理。

福建省光泽县寨里镇小寺洲村将农地整理项目区的建后管护纳入当地"村规民约",取得了较好的实践效果。该村《土地整理基础设施管护村规民约》规定"对土地整理项目区的管护,每年必须维修一次,每户投工投劳由一天变为两天""新增耕地产生的收益全部用于项目区管护"等。为了保证这条新增"村级法规"的实施,村共产党员支部委员会和村民自治委员会(以下简称村两委)将"村规民约"刻在田间的石碑上,还专门指定了土地协管员负责监督落实。有了"村规民约"的约定,村民们都自觉地行动起来。现在,村民只要看到路上、沟渠中有杂物堵塞,都会自觉去清理。2010 年,村两委将土地整理后新增的 30 亩耕地租给村民耕种,每亩耕地年租金 120 元,用于水渠、生产道路等基础设施的维护,解决了农田基础设施日常管护的资金问题。

江苏省南通市海门市国土资源局采取了切实可行的管护措施确保土地开发整理工程长期发挥效益。一是专门出台管护文件,下发《关于加强土地开发整理项目后期管护工作的通知》,把后期管护工作纳入国土资源所(分局)年度目标考核,定期进行目标考核;各国土资源所(分局)安排人员分片包干,执行定期巡查管护制度;对后期管护工作成效显著的单位和个人,给予表彰奖励;管护工作不力,导致项目工程遭受损坏的,追究包干人员相应责任。二是签订管护合同,镇政府与项目所在地村委会签订《土地开发整理项目工程后期管护合同》,明确管护范围、管护内容、管护期限、双方的权利与义务、奖惩规则等事项。三是进一步细化管护要求，对新增的耕地通过承包、租赁等方式确定土地使用权，采取推广绿肥种植、秸秆还田等措施提高产出水平；对沟渠定期进行清理，做到排灌畅通，无坝埂、杂草和堆积物等；对涵洞做到排水畅通无杂物；对桥梁做到桥面清洁，发现损坏及时报告；对田间道路做到路面无堆积物、无坑洼；对防护林做好治虫和定期修剪工作。这些措施有力地加强了土地开发整理项目的后期管护力度。

第二节 农地整理项目建后管护流程

一、制定管护规则及实施办法

（1）了解政府有关政策规定。对农地整理项目建后管护工作，首先要有全局了解和整体认知，能够较好地推进管护主体开展工作。对于管护主体，如村干部、村民、农民协会成员等，其了解有关农地整理项目建后管护的政策、文件、精神和公开信息的途径一般主要为电视、广播、网络等媒体。对村干部而言，其信息管道相对通畅，可以借助到乡镇或更高一级政府部门参加会议的机会顺便了解管护信息；对普通农民而言，其主动找村委会或土地管理所了解相关信息，主要通过打电话，或者直接去村委会、土地管理所交流咨询等途径。

（2）编制管护规则（或村民公约）及实施办法草案。若当地已有标准化的管护规则（或村民公约）模板，管护主体只需联系相关部门取回模板，按照当地实际情况编写即可；若无相关模板，则由管护主体自行组织编制。在编制过程中如有困难，则前往典型区域进行考察，学习借鉴较为成熟的经验。

（3）召开村民代表大会，讨论确定管护规则及实施办法。在这一过程中，主要由管护主体通知和召集人员参会，组织会议开展并讨论确定管护规则及实施办法。这一过程中可能进行多次会议，参与人数较多，经过反复讨论协商得到结果。

（4）管护规则及实施办法宣传。在确定管护规则及实施办法后，应及时进行宣传，宣传方式主要有发放宣传册、设置宣传栏、宣传牌、横幅等。这一过程也可能在上一程序（召开村民代表大会）中部分完成。

二、管护实施

（1）项目区巡查。根据制定的管护规则，确定一年巡查的次数、每次参与巡查的人数，以及每次巡查的时间、位置或距离等，并按照要求进行项目区巡查。

（2）劝阻破坏行为。其主要是指在巡查过程中或在平时的生产生活中，对破坏项目区内工程设施的行为进行阻拦和规劝。

（3）纠纷调处。其主要是指在农业生产过程中，因共享农业工程设施产生矛盾或纠纷，需要管护组织进行调解的情况。

（4）组织维修。这一过程主要是在农业工程设施发生损毁后，管护主体组织人员进行维修或更换，保证工程设施的正常运行。

三、监督管护工作的实施

在农地整理项目建后管护工作的开展过程中，组织专职监督人员或义务监督人员对管护工作进行动态巡查，检查管护工作是否按照要求和规定开展，对不履行管护责任与义务的组织予以批评和惩罚，推动管护工作的正常进行。

具体的农地整理项目建后管护流程如图 2.1 所示。

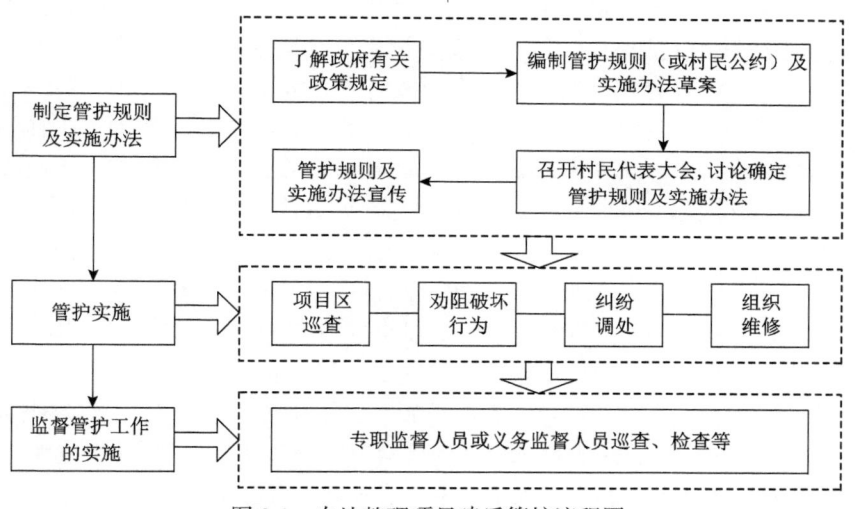

图 2.1　农地整理项目建后管护流程图

第三节　农地整理项目建后管护模式

一、集体管护模式

集体管护模式（村委会管护模式）是传统的农地整理项目建后管护模式，在农地整理项目区中最为普遍。村委会作为基层群众性自治组织，能够很好地发挥其纽带作用，引导项目区农地整理项目建后管护工作的开展，在管护经营性较差且受益范围广泛的道路、沟渠等工程设施方面，其具有得天独厚的优势。

在管护主体方面，集体管护模式主要由村委会或集体经济组织来引导管护工作的开展，多数地区致力于实现村（居）委会、管护人员、群众"三级联动"体制，并逐渐凸显群众参与管护的主体地位。

集体管护模式主要有三方面的资金来源：受益农户自筹、工程设施经营费及政府财政拨款。其中，工程设施经营费主要是指在工程设施经营过程中对使用者收取的费用。

在管护措施方面，为保障农地整理项目建后管护工作的顺利实施，村委会在具体实施建后管护工作时采取了多种措施：①签订各级政府责任协议，落实监督管理的层层责任制，以划分县市国土资源局、乡镇政府、村委会和具体管护人员的管护责任；②乡镇政府与村委会签订管护协议，村委会明确管护责任，并落实管护人员；③签订单项设施协议，针对各项工程的性质和特点对具体管护人员分别提出管护目标与要求；④村委会负责制定管护的考核奖惩制度，保障并激励管护行为，对管护工作不到位的人员取消其管护资格，重新确定和安排管护人员；⑤村委会组织开展管护宣传工作，提高管护人员及群众的认知；⑥当村内工程设施出现损坏时，村委会应迅速处理，及时安排管护人员进行维修和更换。

以湖北省秭归县为例，在农地整理项目验收前，其工程设施管护主体为施工单位，具体负责管理、维护和修缮；项目验收后，项目施工单位与当地村委会签订管护协议，办理移交管护手续，村委会为管护主体。产权归村集体所有，村委会负责管护及维修责任。其中，对于土地平整工程，按照土地承包情况，坚持"谁承包、谁管护、谁所用"的原则落实管理主体；对于其他工程，各村民小组单独受益的工程，由各组自行管护；2个组及以上受益的工程，由村委会确定1~2名责任心强、有事业心、工作认真细致的专职管护人员，可由村干部兼任。各村根据管护范围及工作量给予一定的工资报酬，经费由村集体承担。工程管护资金来源主要有以下五种途径：①土地承包经营者自筹资金解决其受益工程的管护；②各组组长负责组织本组村民投劳，以解决本组工程管护资金问题；③村委会可以通过有关渠道（如一事一议等）向当地政府申请有关经费支持；④村委会向受益农户筹集一定的管理资金用作管护开支；⑤根据用水量和浇地面积收取一定费用，用作管护费用。

二、农民组织管护模式

随着农民个人参与意识和监督意识的增强及服务意识的觉醒，我国产生了许多代表农民意愿的组织，即农民专业合作社。农民组织是农民自发成立的社会群众团体，主要有专业合作社、股份合作社和专业协会三种类型，其中专业协会最为常见，如农民耕地保护协会、莲藕种植协会、农民用水者协会等。农民组织管护模式伴随着专业协会的建立和发展而产生，主要从事渠系、灌溉配水等水利建设及道路建设等方面的管护工作。农民专业合作社在农地整理项目建后管护工作中发挥着重要的作用。

在管护主体方面，农民组织管护模式主要由专业协会或其他农民合作组织来协调展开管护工作，多数由其会长或其领导者统筹安排管护工作，由协会会员参与及监督。

农民组织管护模式的资金来源主要有以下三个方面：①农民组织按受益面积大小等原则向会员收取工程设施的维修管理费用；②农民组织自筹；③政府补贴。

以专业协会为例，其主要由会员、会员代表大会、执行委员会及监事会组成。会员由专业协会服务范围内的农户组成，会员对专业协会服务范围内的工程设施享有优先使用权。专业协会的决策机构一般为会员代表大会，这也是农民组织管护模式特有的形式。会员代表大会对协会的规章制度有参与制定和修改的权力，在组织的运行过程中进行财务预算和决算、把握财政支出，并拥有选举和罢免执行委员会的最高权力。具体管护工作一般由执行委员会负责推进，如渠系养护、工程维修、用水纠纷协调等。专业协会一般配备有专门的工程管护人员，直接从事工程设施管护及机械操作等工作。而监事会的主要职责包括日常监督审查及对协会人员的管理。自 2009 年 6 月 2 日江苏省金坛市诞生全国第一家农民耕地保护协会以来，江苏省邳州市、湖南省隆回县、湖北省沙洋县和黄梅县、河南省泌阳县、安徽省马鞍山市等地相继成立类似组织，备受社会各界关注。农民组织在农地整理项目建后管护中发挥着重要的作用。

三、个人管护模式

农地整理项目建后管护的个人管护模式主要是指，在保证工程设施的所有权不变的前提下，通过承包、租赁、拍卖等方式将工程设施使用权和管护责任转让出去。乡政府或村委会往往通过招标的方式来确定承包方，承包方享有一定年限内的工程设施承包经营权，并负责其日常管护工作。乡政府或村委会确定承租人一般通过公开招租的形式，承租人在租赁期间要定期缴纳租金，以此获得一定年限内的工程设施经营权，同时负责工程设施管护工作。拍卖是指通过公开竞价的方式进行产权转移，拍卖竞得者一次性获得工程设施经营权，一般在小型农田水利工程设施的管护中比较常见。个人管护模式的对象主要是经营性和收益性较强的工程设施，如林木、泵站等。

在管护主体方面，个人管护模式的主体是通过承包、租赁、拍卖等方式获得工程设施使用权和管护责任的个人，即承包方或承租人或拍卖竞得者。

在个人管护模式下，管护资金往往来源于工程设施经营所得，即管护主体会收取一定的工程设施有偿使用费来维持工程设施的良好运行。资金管理严格遵循"有偿提供，以工程养工程"的原则。

为确保产权流转的规范性，在承包、租赁、拍卖的过程中都必须签订协议，并制定相应的制度。在工程设施的管护制度上，一般按照"谁承包（租赁、拍得）、谁管护"的原则,实行有偿管护和义务管护相结合的形式。在签订的协议中,不仅包括工程设施的管护制度和具体管护办法,还往往包括了违约责任及安全责任等内容。

河南省获嘉县徐营镇东浮庄村在建后管护工作上进行了创新:林木管护方面,村集体经济组织将林木所有权按路、沟、渠若干路段进行发包,其中,规定承包期为12年,农民通过竞标获得林木的所有收益。一方面竞买人对所得林木进行全方位管护;另一方面集体竞标收入投入村中进行道路硬化、亮化、美化的养护。水利设施管护方面,采取每浇灌一亩地提取一元钱的办法筹集资金,使水利灌溉设施从无人管理转变为有人管、有钱管的状态。这种个人管护模式不仅提高了管护效率,还增加了农民收入,同时也改善了村容面貌。

四、农民联户管护模式

农民联户管护模式起源于广西壮族自治区崇左市龙州县的改革实践。广西壮族自治区龙州县鼓励农民自发开展耕地整理,包括农民自愿实施"小块并大块"的耕地平整和"小块并大块"的耕地整理配套建设两方面内容。"小块并大块"的耕地平整是指根据农民自愿原则,在保留原有耕地面积不变的前提下,由农民或农村基层组织将本村村民零星分布、条块分割、高低不平的土地进行归并平整,整合成相对集中成片、田块大小面积均衡的耕地,并相应调整土地承包经营权,办理土地承包经营权变更登记的活动;"小块并大块"的耕地整理配套建设是指对已实行"小块并大块"的耕地,由农民自发开展小型农田水利、田间道路及村屯内道路硬化等相关配套工程建设,以提高农地整理区域内耕地质量和土地利用效率,改善农业基础设施、农民生产生活条件和生态环境的活动。根据2013年中央一号文件关于"加大公共财政对农村基础设施建设的覆盖力度,逐步建立投入保障和运行管护机制"的精神,以及自治区国土资源厅、财政厅、农业厅联合下发的《关于印发自治区鼓励农民自发开展"小块并大块"耕地整治以奖代补专项资金管理暂行办法的通知》《关于鼓励农民自发开展耕地整治工作的意见》等文件要求,整合国土、水利、财政、农业等部门及企业资金,采取"以奖代补、以补代投"等方式,对实施"小块并大块"土地平整和田间道路工程分别奖励300~400元/亩、80~200元/米。在工程设施完成后,龙州县产生了一种新的管护模式:农民联户管护模式。农民联户管护模式是指屯内两个或两个以上农户联合起来进行"小块并大块"以后,相关配套工程设施由联合的农户共同使用、管护和监督。联户农户在下地时顺便进行日常巡查和劝阻破坏行为,既节约了成本又提高了效率。实行农民联户管护的管理办法,让农户主动参与管护工作,有效解决了以往农地整理项目建后相关工程设施管护难、管护不到位的问题,基本上改变了以往"无主体、无管护"的现象,管护工作不再只是村干部的事,村民主动站到管护农田水利、田间道路等工程设施的第一线,形成群护群治的良好氛围。通过农户联户管护，对项目区进行巡查的次数较多，发现破坏行为能及时劝阻，产生纠纷矛盾时能很快调解与缓和农户之间的关系，在工程设施发生损毁时及时进行维修，以便正常进行农业生产活动。各项工程设施结构较为完好，可以正常发挥功能，农民的满意度也较高。

由此可见，农民联户管护模式的管护主体为联户农户，管护资金主要来源于联户农户自筹，而管护工作则主要依靠联户农户的共同责任和利益齐心协力开展。

农地整理项目建后管护主要模式的总结与对比如表 2.1 所示。

表 2.1　农地整理项目建后管护的主要模式

管护模式	管护主体	管护对象	资金来源	管护措施
集体管护模式	村委会或集体经济组织、管护人员、群众	主要为道路、沟渠等经营性较差且受益范围广泛的工程设施	受益农户自筹、工程设施经营费及政府财政拨款	签订协议；落实管护责任；制定考核奖惩制度；开展宣传工作；等等
农民组织管护模式	专业协会或其他农民合作组织	主要从事渠系、灌溉配水等水利建设及道路建设等方面的管护工作	受益农户、农民组织和地方政府共同承担	会员代表大会决策制；会员享有优先使用权；执行委员会负责具体管护工作；监事会负责日常监督审查及对协会人员的管理
个人管护模式	通过承包、租赁、拍卖等方式获得工程设施使用权的个人	林木、泵站等经营性和收益性较强的工程设施	工程设施经营所得费用	签订协议：包括工程设施的管护制度和具体管护办法，还包括违约责任及安全责任等内容
农民联户管护模式	联户农户	农地整理项目建成的相关配套工程设施	联户农户自筹	在联户农户共同责任和利益下开展管护工作

第四节　农地整理项目管护政策的演进

近年来，国家及部分省区市陆续出台了有关农地整理项目建后管护工作的政策文本，逐渐引导农地整理项目建后管护工作进入有法可依的规范阶段。其中，比较有代表性的政策文本有：2008 年国家农业综合开发办公室颁布的《国家农业综合开发土地治理项目工程管护暂行办法》（国农办〔2008〕183 号），2011 年湖北省国土资源厅出台的《湖北省土地整治项目工程交付使用后期管护办法》，2012 年吉林省国土资源厅出台的《吉林省土地整治项目管理暂行办法》，2015 年山东省第十二届人民代表大会常务委员会第十六次会议审议通过的《山东省土地整治条例》，等等。地方管理部门在国家及省区市政策、制度的指导下，积极探索适应当地情况的农地整理项目建后管护的具体措施。

一、内容分析法

内容分析法是一种以历史文献为主要研究对象,对其内容展开量化分析的研究方法。内容分析法的实质是通过识别目标文本中的关键特征,将"用语言表示而非数量表示的文献转换为用数量表示的资料"(马文峰,2000),并对分析结果采用统计数字描述,进一步基于对文本内容"量"的分析,找出能量化反映文献内容的基本特征和一般规律,并能进行检验和解释。该方法的优势在于可对任何文献或有记录的传播事件进行分析,并能有效克服定性研究的主观性和不确定性,如今,作为一种典型的多学科研究方法,内容分析法在城市规划、土地政策等领域得到较多应用,如张磊和王晨(2011)认为由物质性规划向公共政策转型可以通过加强规划实践与公共政策理论相结合来实现;吕晓等(2015)以相关政策为样本总结中国农村集体建设用地使用权流转政策的演进趋势。基于已有研究,可应用内容分析法对农地整理项目建后管护的政策演进进行深入研究。

二、政策文本来源

本节以2000~2016年的农地整理项目建后管护的政策文本为研究对象。本节主要通过对国务院及相关部委、各级地方政府及其国土资源相关部门等官方网站进行直接检索,对已有政策文本中的相关内容进行回溯检索等方式,获取公开颁布的涉及农地整理项目建后管护的政策文本。为确保政策文本的信息内容契合主题,保证文本的准确性和代表性,本节根据以下原则进行整理与遴选:①政策主体内容或部分内容直接与农地整理项目建后管护密切相关;②政策文本的性质需为属于法律范畴的立法性文件,或者除此以外的由国务院或地方政府等国家机关组织制定的具有约束力的意见、办法、通知等规范性文件。按照上述基本原则最终梳理出有效文件55部(表2.2)。

表2.2 农地整理项目建后管护政策文本

编号	年份	文本名称	单位	文本编号
1	2000	《国家投资土地开发整理项目管理暂行办法》	国土资源部	国土资发〔2000〕316号
2	2004	《关于改进国家投资土地开发整理项目入库管理的通知》	国土资源部	国土资发〔2004〕115号
3	2005	《关于加强和改进土地开发整理工作的通知》	国土资源部	国土资发〔2005〕29号
4	2008	《关于进一步加强土地整理复垦开发工作的通知》	国土资源部	国土资发〔2008〕176号
5	2008	《国家农业综合开发土地治理项目工程管护暂行办法》	国家农业综合开发办公室	国农办〔2008〕183号
6	2008	《浙江省国土资源厅办公室关于进一步加强土地整理项目管理的通知》	浙江省国土资源厅	浙土资办〔2008〕207号

续表

编号	年份	文本名称	单位	文本编号
7	2009	《关于印发浙江省农业综合开发土地治理项目工程管护实施办法（暂行）的通知》	浙江省财政厅	浙财农发字〔2009〕3号
8	2009	《奉新县国家农业综合开发土地治理项目工程管护实施细则》	江西省奉新县农业综合开发办公室	规范性文件2009年2月
9	2009	《定襄县农业综合开发土地治理项目工程管护办法》	山西省定襄县人民政府	定政办发〔2009〕52号
10	2009	《余庆县土地开发整理项目管理实施细则》	贵州省余庆县人民政府	余府办发〔2009〕126号
11	2010	《国务院关于严格规范城乡建设用地增减挂钩试点切实做好农村土地整治工作的通知》	国务院	国发〔2010〕47号
12	2010	《万宁市人民政府办公室关于印发万宁市后安镇土地整理项目实施方案的通知》	海南省万宁市人民政府	万府办〔2010〕85号
13	2010	《湖州市区土地开发整理复垦项目化管理办法（试行）》	浙江省湖州市人民政府	湖政办发〔2010〕75号
14	2010	《曲沃县农业综合开发土地治理项目工程管护标准及细则》	山西省曲沃县农业综合开发办公室	
15	2010	《关于加强土地整理复垦开发项目实施和竣工验收有关问题的通知》	陕西省国土资源厅	陕国土资耕发〔2010〕20号
16	2011	《湖北省国土资源厅关于印发土地整治相关管理办法的通知》	湖北省国土资源厅	鄂土资发〔2011〕33号
17	2011	《湖北省土地整治项目工程交付使用后期管护办法》	湖北省国土资源厅	鄂土资发〔2011〕33号
18	2011	《湖北省土地整治管理办法》	湖北省人民政府	湖北省人民政府令第344号
19	2011	《关于进一步加强补充耕地质量建设与后期管护的通知》	湖南省娄底市国土资源局	娄国土资发〔2011〕25号
20	2012	《关于印发〈上海市市级土地整治项目和资金管理暂行办法〉的通知》	上海市人民政府	沪规土资综〔2012〕459号
21	2012	《邓州市人民政府关于进一步加强土地整理项目后期管护工作的通知》	河南省邓州市人民政府	邓政〔2012〕28号
22	2012	《阳新县土地整治占补平衡项目后期管护暂行办法》	湖北省阳新县人民政府	阳政办〔2012〕13号
23	2012	《山西省土地开发整理项目管理办法（试行）》	山西省国土资源厅	晋国土资发〔2012〕25号
24	2012	《广西壮族自治区国土资源厅、财政厅关于进一步加强土地整治项目管理有关问题的通知》	广西壮族自治区国土资源厅、财政厅	桂国土资发〔2012〕116号
25	2012	《关于印发〈吉林省土地整治项目管理暂行办法〉的通知》	吉林省国土资源厅	吉土整发〔2012〕1号
26	2013	《海南省国土资源厅关于印发〈土地整治项目后续管护暂行办法〉的通知》	海南省国土环境资源厅	琼土整办字〔2013〕32号

续表

编号	年份	文本名称	单位	文本编号
27	2013	《秭归县土地整治项目管理办法》	湖北省秭归县人民政府	
28	2013	《岳阳市人民政府办公室关于加强土地综合整治项目后期管护工作的通知》	湖南省岳阳市人民政府	岳政办发〔2013〕40号
29	2013	《关于印发加强和改进土地开发整理复垦补充耕地工作意见的通知》	江西省景德镇市人民政府	景府办发〔2013〕2号
30	2013	《关于〈印发辽宁省农村土地综合整治项目管理暂行办法〉的通知》	辽宁省国土资源厅	辽国土资发〔2013〕401号
31	2014	《关于印发〈河北省土地整治项目管理办法〉的通知》	河北省国土资源厅	冀国土资发〔2014〕19号
32	2014	《沧县人民政府关于进一步加强土地整理和高标准基本农田项目后期管护工作的通知》	河北省沧县人民政府	沧县政字〔2014〕42号
33	2014	《关于加强土地整治项目后期管护工作的通知》	山东省蒙阴县人民政府	蒙政办字〔2014〕61号
34	2014	《浙江省土地整治条例》	浙江省人民代表大会常务委员会	浙江省人民代表大会常务委员会公告第21号
35	2014	《衢州市人民政府办公室关于加快实施"812"土地整治工程的通知》	浙江省衢州市人民政府	衢政发〔2014〕47号
36	2014	《夷陵区农业综合开发办公室农发土地治理项目工程管护费使用管理办法》	湖北省宜昌市夷陵区人民政府	
37	2014	《重庆市巴南区人民政府关于进一步加强农村土地整治项目后期利用管护工作的通知》	重庆市巴南区人民政府	巴南府发〔2014〕116号
38	2014	《关于加强2014年土地整治项目管理的通知》	新疆巴州国土资源局	巴国土资发〔2014〕112号
39	2015	《福建省枫亭镇人民政府关于开展2015年土地整理、农村土地整治工作方案》	福建省枫亭镇人民政府	仙枫政〔2015〕55号
40	2015	《海南省五指山市农业综合开发土地治理项目工程管护暂行办法》	海南省五指山市人民政府	五府〔2015〕87号
41	2015	《鸡泽县人民政府办公室关于进一步加强土地整治项目后期管护工作的通知》	河北省鸡泽县人民政府	
42	2015	《奉化市人民政府办公室关于印发土地整治项目管理实施细则的通知》	浙江省奉化市人民政府	奉政办发〔2015〕69号
43	2015	《灵璧县人民政府办公室关于印发灵璧县2015年度农村土地整治工作实施方案的通知》	安徽省灵璧县人民政府	灵政发〔2015〕27号
44	2015	《关于印发随县土地整治项目后期管护办法的通知》	湖北省随县人民政府	随县政办发〔2015〕30号
45	2015	《进一步加强土地整治项目后期管护的通知》	湖北省宜都市人民政府	都政办发〔2015〕38号

续表

编号	年份	文本名称	单位	文本编号
46	2015	《彭泽县人民政府办公室关于印发彭泽县土地整治项目管理实施办法的通知》	江西省彭泽县人民政府	彭府办发〔2015〕15号
47	2015	《关于加强土地整治项目后期管护工作的通知》	湖北省武汉市黄陂区人民政府	陂政办〔2015〕38号
48	2015	《关于加强山坪塘整治建设和管护工作的通知》	重庆市江津区人民政府	江津府办〔2015〕66号
49	2015	《牡丹江市人民政府关于印发牡丹江市土地整治项目竣工验收实施意见的通知》	黑龙江省牡丹江市人民政府	牡政办综〔2015〕12号
50	2015	《丹东市人民政府办公室关于印发丹东市农村土地综合整治项目管理实施细则的通知》	辽宁省丹东市人民政府	丹政办发〔2015〕19号
51	2015	《山东省土地整治条例》	山东省人民代表大会常务委员会	山东省人民代表大会常务委员会公告（第107号）
52	2016	《光泽县人民政府关于进一步加强2016年农村土地整治旧村复垦工作的意见》	福建省光泽县人民政府	
53	2016	《会昌县人民政府办公室关于印发会昌县2016年土地开发项目实施方案的通知》	江西省会昌县人民政府	会府办字〔2016〕46号
54	2016	《德惠市人民政府办公室关于印发德惠市2016年高标准农田建设项目实施方案的通知》	吉林省德惠市人民政府	德府办发〔2016〕13号
55	2016	《关于印发〈抚顺市农村土地综合整治项目管理暂行办法〉的通知》	辽宁省抚顺市人民政府	抚政办发〔2016〕3号

资料来源：国务院及相关部委、各级地方政府及其国土资源相关部门的官方网站

三、政策文本分析框架

在政策文本收集整理的基础上，本章将55部政策文本分别从政策文本出台时间、政策文本出台主体、政策文本出台形式及政策文本内容4个维度构建分析框架。

政策文本出台时间维度主要分析政策文本的时序变化。参考王瑷玲等（2005）的研究，考虑到2004年国土资源部下发《关于改进国家投资土地开发整理项目入库管理的通知》（国土资发〔2004〕115号），标志着国家投资土地开发整治项目管理的有序化和规范化；而2008年国家农业综合开发办公室发布《关于进一步加强土地整理复垦开发工作的通知》（国土资发〔2008〕176号），提出为适应新形势的需要，切实加大补充耕地力度，进一步推进土地整理复垦开发工作，使其真正成为实施土地利用规划的基本手段。本节选取2004年和2008年作为主要时间节点。

政策文本出台主体维度主要基于政策文本出台的主体分析，包括中央部委和地方政府两个层面。中央部委与地方政府基于条块关系各司其职（周振超，2005），中央部委根据国家发展现状制定政策文本，其出台的政策文本具有纲领性和广泛性；而地方政府除执行中央部委指示，还要依法监管本区域事务，发展当地经济，其出台的政策文本必须从属于中央部委，同时符合当地现状。

政策文本出台形式维度主要基于政策文本形式分析其约束力，包含三种形式（黄金荣，2014）：①管理办法是一种管理规定，通常用来约束和规范管理对象，它具有法律效力，是根据宪法和法律制定的、从属于法律的规范性文件；②实施细则是有关机关或部门为使下级机关或人员更好地贯彻执行某一法令、条例和规定，结合实际情况对其所做的详细的、具体的解释和补充，其目的是弥补原条文中的不足与漏洞；③通知意见是运用广泛的知照性公文，用来发布法规、规章，转发上级机关、同级机关和不相隶属机关的公文，批转下级机关的公文，要求下级机关办理某项事务，等等。

政策文本内容维度则以综合、专门为标准划分分析内容。综合性政策文本指文件制定不以农地整理项目的建后管护为主体，仅部分涉及建后管护的相关内容，通常表现为农地整理条例；专门性政策文本指文件制定以农地整理项目的建后管护为主体，内容详细，具有可操作性，通常是项目工程管护办法。农地整理项目建后管护政策文本的分析框架如图2.2所示。

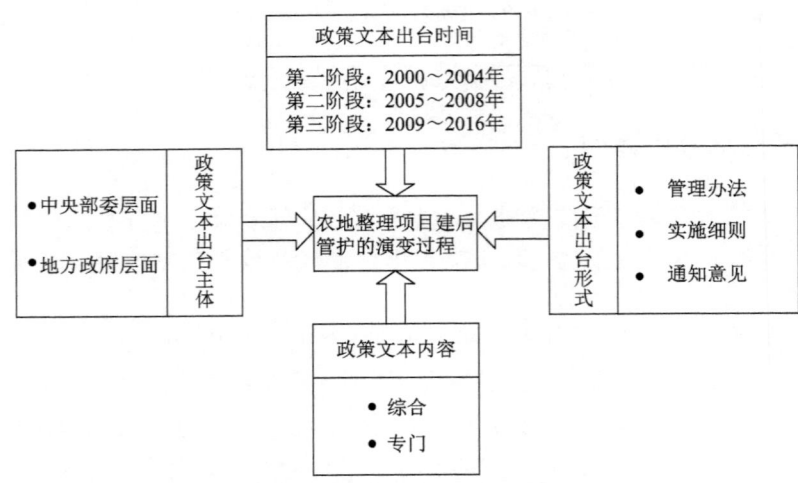

图 2.2 农地整理项目建后管护政策文本的分析框架

四、政策文本演进分析结果

本节通过仔细研读收集整理的农地整理项目建后管护政策文本，从中提取有实际意义的词，然后从这些词中筛选和提炼出政策文本关键词。本节根据各项政策的内容及其变化确定关键词为：①管护主体（或管护责任）；②管护措施；③管护资金；④管护内容；⑤监督机制。

（一）管护政策文本的时间分析

从政策文本出台的时间维度上分析（表2.3），农地整理项目建后管护政策文本数量一直在增加，而且各个关键词的数量也呈现上升趋势。2000~2004年仅出台了2部文件：2000年国土资源部为加强土地开发整理项目管理颁布了《国家投资土地开发整理项目管理暂行办法》（国土资发〔2000〕316号），明确了项目申报条件及管理原则和管理内容；2004年国土资源部下发了《关于改进国家投资土地开发整理项目入库管理的通知》（国土资发〔2004〕115号），代表着国家投资土地开发整理项目步入正轨。此间的2部政策文本都涉及管护措施和监督机制，强调管护过程的重要性。2005~2008年政策文本数量有了提升，各个关键词频数也有相应的增加，说明此阶段建后管护工作得到了全面重视。其原因在于经过前期工作，土地开发整理项目陆续进入完工运行阶段，建后管护工作相应开展并取得一定成效。同时，相对于2005年以前广泛开展的土地开发整理，各地大力推进"三集中"（农民向社区集中、工业向园区集中、土地向规模集中），城乡建设用地增减挂钩政策出台，村庄整理被纳入农地整理范围，使农地整理真正走向田、水、路、林、村综合整理方向，建后管护工作的重要性更加凸显。但是此阶段管护资金这一关键词频数最少（此间出台的4部政策文本仅有2部涉及管护资金），而管护资金是完成管护工作的重要保障，对延长项目工程使用年限、实现投资收益有着积极的意义。2009~2016年政策文本的出台数量急剧增加，达到49部，仅2015年就多达13部。其中，政策文本关键词中管护主体和管护资金出现最多，分别有41部和35部政策文本涉及上述关键词。究其原因，2010年国务院下发了《国务院关于严格规范城乡建设用地增减挂钩试点切实做好农村土地整治工作的通知》（国发〔2010〕47号），要求土地整治以促进农业现代化和城乡统筹发展为导向，切实维护农民权益，改善农村生产生活条件。该通知将土地整理与城乡统筹发展紧密联系起来，在土地范围拓展的基础上，使土地整理真正成为城乡统筹发展的综合平台，解决城市发展缺土地、新农村建设缺资金的一系列问题，在此引导下农地整理进入发展高峰期，管护工作的各方面也得到长足发展。此外2012年国务院正式批准实施《全国土地整治规划（2011~2015年）》，与前一轮规划相比，本轮规划由国务院直接批复给各省级人民政府和国务院有关部门，突出了农地整理的重要性，一定程度上也间接促进了农地整理项目建后管护政策的出台。但是此阶段管护内容及管护措施这两个关键词出现频数相对较少（分别为21部和22部政策文本），显示出此间管护工作的重点方向。

表 2.3　时间维度政策文本分析　　　　　　　　　　单位：部

时间	文件数量	涉及关键词的政策文本数量				
		管护主体	管护措施	管护资金	管护内容	监督机制
2000~2004 年	2	1	2	1	1	2
2005~2008 年	4	4	4	2	3	4
2009~2016 年	49	41	22	35	21	28

（二）管护政策文本的形式分析

从政策文本出台的形式维度上分析（表 2.4），农地整理项目建后管护政策文本的总体特征是在少量实施细则（8 部）指导下，通过发布较大数量的通知意见（27 部）来进行引导，同时地方政府制定相对具体的管理办法（20 部）强化对建后管护过程的管控。不同形式政策文本的关键词及其频数也有所不同，实施细则多强调管护资金（7 部）及管护内容（7 部），管理办法多强调管护资金（16 部）和管护主体（15 部），通知意见着重强调管护主体（26 部）。我国法律法规体系中政策文本按法律效力大小排序依次为法律、行政法规、地方法规；实施细则作为国务院及其各部委做出的实施法律法规的规章制度，其本质上属于行政法规，在全国范围内通用且具有较高的法律地位；管理办法、通知意见则一般由政府的职能部门提出，本一级政府审议即可通过实施，主要是解决某部法律法规在实施过程中遇到的问题，其本质不属于正式的法律，在行政单位体系内发挥效力，法律效力较弱。由此可见，农地整理项目建后管护政策多以通知意见、管理办法的形式出台，效力层级较低。

表 2.4　形式维度政策文本分析　　　　　　　　　　单位：部

形式	文件数量	涉及关键词的政策文本数量				
		管护主体	管护措施	管护资金	管护内容	监督机制
管理办法	20	15	10	16	8	12
通知意见	27	26	15	15	10	16
实施细则	8	5	3	7	7	6

农地整理项目及其建后管护是一项复杂的系统工程，具有较强实践性，客观上需要相应的理论与技术支撑，但是现阶段农地整理基础理论与技术研究仍相对

滞后，管理机制的改革也落后于现实需要，因此，迫切需要从公共管理的角度对农地整理及其建后管护活动开展公共治理。在现阶段，政府部门在农地整理项目中仍然处于主导地位，提高政府在农地整理项目中的治理能力，不仅可以促进农地整理项目及其建后管护工作的开展，还可以提升政府绩效和公共服务品质，实现公共福利与公共利益。但现实中农地整理项目建后管护文件约束效力较低，不易直接解决在管护过程中产生的矛盾和问题。例如，部分政策文本的原则性要求建后管护要由使用者和受益者负责［如《关于进一步加强土地整理复垦开发工作的通知》（国土资发〔2008〕176号）、《关于加强土地整理复垦开发项目实施和竣工验收有关问题的通知》（陕土资耕发〔2010〕20号）等］，对相关权、责、利却没有明确规定；另外，部分政策文本只是原则性规定通过承包、租赁、拍卖、业主负责制等多种方式落实管护主体［如《关于〈印发辽宁省农村土地综合整治项目管理暂行办法〉的通知》（辽国土资发〔2013〕401号）、《湖北省土地整治管理办法》（湖北省人民政府令第344号）等］，实际管护中则会出现工程设施经营性不强导致管护主体落实不到位的状况。

（三）管护政策文本的主体分析

从政策文本出台的主体维度上分析（表 2.5），中央部委层面出台的农地整理项目建后管护政策文本相对较少（仅有 6 部），地方政府出台的规范性文件多达 49 部。中央部委层面出台的政策文本多以综合性政策文本为主，强调管护主体（4 部）和管护措施（5 部）。地方政府层面出台的政策文本体现了基层政府对农地整理项目建后管护的认识已有较大转变，相对重视管护主体（42 部）和管护资金（36 部），但文件内容比较接近或一致，如普遍提出管护主体"谁受益，谁负责"，管护内容"以工程养工程"，管护资金"市场手段与政府补助相结合"，缺乏显著的地区差异性，不具备较高的可操作性。

表 2.5 主体维度政策文本分析　　　　　　　　　　单位：部

主体	文件数量	涉及关键词的政策文本数量				
		管护主体	管护措施	管护资金	管护内容	监督机制
中央部委层面	6	4	5	2	3	3
地方政府层面	49	42	23	36	22	31

从政策文本出台的区域维度上分析（表 2.6），我国农地整理项目建后管护政策文本的空间分布差异较为明显，政策文本主要集中在中部（20 部）、东部地区（17 部），而东北、西部地区农地整理项目建后管护政策文本发布较少（均为 6

部)。同时东部、中部、西部地区主要涉及的关键词是管护主体和管护资金,而东北地区主要涉及的关键词是管护主体、管护内容及监督机制。

表 2.6 不同区域维度文本比较　　　　　　　　　　单位:部

地区	文件数量	涉及关键词的政策文本数量				
		管护主体	管护措施	管护资金	管护内容	监督机制
东部地区	17	13	10	13	5	8
中部地区	20	17	9	14	11	10
东北地区	6	6	3	3	5	5
西部地区	6	6	3	6	3	3

注:根据我国不同区域的社会经济发展状况,将全国分为四大区域:东部地区、东北地区、中部地区和西部地区。东北地区包括黑龙江省、吉林省、辽宁省,中部地区包括山西省、河南省、湖北省、湖南省、江西省、安徽省,东部地区包括北京市、天津市、河北省、山东省、江苏省、上海市、浙江省、福建省、广东省、海南省、台湾省、澳门特别行政区、香港特别行政区,西部地区包括重庆市、四川省、广西壮族自治区、贵州省、云南省、陕西省、甘肃省、内蒙古自治区、宁夏回族自治区、新疆维吾尔自治区、青海省、西藏自治区

　　政策文本的空间分布差异与我国农地整理规划及区域经济发展格局有较大关联。第一轮《全国土地开发整理规划(2001—2010年)》实施期间,各地农地整理规划主动与城乡建设、产业发展、生态建设、新农村建设等规划有机结合,农业生产条件明显改善,机械化耕作水平、排灌能力和抵御自然灾害的能力显著提高。第二轮《全国土地整治规划(2011~2015年)》实施期间,整理重心由农用地整理扩展为农用地及农村建设用地整理相结合,其主要任务包括三个方面:以落实补充耕地任务为目标的农用地整理,以提高耕地质量为目标的高标准基本农田建设,以促进新农村建设为目标和城乡统筹发展为目标的农村建设用地与旧城镇、旧工矿及"城中村"改造。

　　我国中部、东部地区为传统耕地集中区,非农建设占用耕地量大(闫梅等,2011),管护政策文本多强调管护主体及资金,这与地区发展现状相符。中部和东部地区土地供需矛盾突出,区内废弃农村居民点、工矿用地和坑塘水面较多,在耕地后备资源不足和占补平衡政策的双重压力下,主管部门希望借助土地整理破解这一困境。中部和东部地区土地整理类型较丰富、建设资金投入较多,相应管护的关键工作之一是明晰管护主体及资金源。东北地区作为全国主要粮食产区,也是全国土地整理重要区域;但由于东北地区偏重型的工业结构和初级型的农业结构相互制约,该地区土地整理以农地和城镇建设用地为主,管护政策文本也主要针对管护主体、管护内容及监督机制。西部地区地广人稀,土地开发程度低,其土地整理主要是农地整理及对"四荒"(荒山、荒坡、荒丘、荒滩)的合理开发,更加重视生态建设,实现土地整理同生态建设、产业开发和区域经济的结合

发展。西部地区关于农地整理项目建后管护的政策较少，其主要涉及管护主体和管护资金，同时对管护内容、管护措施和监督机制也有所涉及。

（四）管护政策文本的内容分析

综合性政策文本内容涉及包括建后管护在内的农地整理各个阶段，一般具有较高法律效力，通常以农地整理实施细则形式出台；专门性政策文本内容以农地整理项目的建后管护为主体，针对性较强，通常以项目工程实施细则形式出台。从政策文本出台的内容维度上分析（表 2.7），专门性政策文本数量（20 部）远远落后于综合性政策文本数量（35 部）。专门性政策文本的"管"贯穿于农地整理项目建后管护的全过程，"管"的具体内容比较明确，如《国家农业综合开发土地治理项目工程管护暂行办法》（国农办〔2008〕183 号）明确提出，根据受益范围和受益对象，合理确定农发工程管护主体。而在综合性政策文本中，建后管护通常只作为土地整理项目竣工验收阶段的基本要求之一，如《关于印发〈河北省土地整治项目管理办法〉的通知》（冀国土资发〔2014〕19 号）提出，县级国土资源部门应当及时办理土地变更调查、土地变更登记和工程设施产权移交手续，尽快落实管护主体。

表 2.7　内容维度政策文本分析　　　　　　　　　　　单位：部

内容	文件数量	涉及关键词的政策文本数量				
		管护主体	管护措施	管护资金	管护内容	监督机制
综合	35	26	18	18	14	18
专门	20	20	10	20	11	16

五、结论与建议

根据上述分析，本节可以得到如下基本结论。

（1）伴随着农地整理工作的开展，我国农地整理项目建后管护政策大量出台。本节运用内容分析法，提炼出管护主体（或管护责任）、管护措施、管护资金、管护内容及监督机制 5 个关键词，并从时间、形式、主体及内容 4 个维度系统分析政策文本演进的一般规律。①从时间维度来看，管护政策文本数量呈跳跃式增加，由 2000～2008 年合计 6 部剧增为 2009～2016 年的年均 6 部，共涉及全国 20 个省（自治区、直辖市）；②从形式维度来看，较大比例的政策文本多以通知意见、管理办法形式出台，效力层级较低、规范作用不强；③从主体维度来看，中央部委层面的管护政策文本主要集中在 2000～2008 年，文件内容以管护主体和管护措施为主，而地方政府层面的管护政策文本主要集中在东部、中部地区，内容以管护主体和管护资金为主，涉及管护措施和管护内容的较少；④从内容维度来看，专门性政策文本数量远少于综合性政策文本，而且专门性政策文本更重视管护主体和管护资金。

（2）农地整理项目建后管护政策文本经历了由中央制定、地方落实到中央地方协调制定、地方落实的演进过程。地方政府在中央政策文本的指导下，以农地整理项目建后管护过程中暴露出的主要问题为着力点出台相应的规范性文件。整体而言，政策文本内容已基本完备，政策文本体系展示出主体落实、措施制定、资金配置、内容齐备、监督有效的基本特征。

（3）就关键词变化而言，农地整理项目建后管护政策多以管护主体和管护资金为主，强调管护过程中的人力、财力保障，已基本形成主体明确、资金到位的管护局面，而对管护措施和管护内容的规定相对较少，多以农地整理项目竣工验收条款为主，缺乏针对性。

结合主要结论，本节提出对应建议如下。

（1）管理部门应基于新时期的农地整理目标，科学评估现有农地整理项目建后管护政策的实施效应，结合区域经济社会发展实际，从国家、省、市、县（区）等不同层面对相关政策进行梳理与评估，为农地整理事业的协调发展提供科学依据。进一步加强顶层设计，推动中央部委层面农地整理项目建后管护政策的制定，指导西部和东北地区管护政策文本的出台，促进管护政策文本的区域均衡分布，避免管护政策出现空白期；地方政府应结合中央部委文件精神及本地区管护现状制定或修订符合区域实际的实施细则，增强政策的可操作性，同步推进农地整理项目建后管护工作在中央部委层面与地方政府层面之间的协调发展。

（2）针对现行管护政策文本多强调管护主体和管护资金，相对忽视管护措施、管护内容及监督机制的重要性的不足，在政策文本修订中应进一步完善农地整理项目建后管护的制度结构，促进管护政策的全面性和科学性。同时，加快专门性后期管护政策的出台，根据管护客体特征制定和落实差异化的管护办法及管护主体，提高后期管护政策的规范性和约束性，避免农地整理项目出现"公地悲剧""管护笼统"的现象。

（3）全面贯彻2018年中央一号文件提出的"统筹山水林田湖草系统治理""大规模推进农村土地整治和高标准农田建设"精神，牢固树立社会主义生态文明观，坚持以绿色发展理念指导农地整理项目建后管护工作，将山水林田湖草作为一个生命共同体进行统一管护，重视农地整理的生态功能和生态效益，保障农地整理的工程属性、社会属性及生态属性的全面实现。

第三章　农地整理项目建后管护的农民参与研究

第一节　农地整理项目建后管护的农民意愿

一、研究框架

制度学派认为制度是经济理论的第四大基石，土地、劳动、资本要素只有在制度环境内才能发挥作用（卢现祥，2011），以此为基础逐渐形成"结构—行为—绩效"（structure-conduct-performance，SCP）的研究范式。新制度学派将结构要素扩展为产权结构和组织结构，构建基于新制度经济学理论的"结构—行为—绩效"研究范式，即"制度结构—制度行为—制度绩效"（罗必良，2005）。其经济逻辑是，不同的制度安排通过隐含的约束与激励机制作用，影响理性"经济人"的主体行为及资源分配，并最终决定绩效水平；不同的制度结构对制度行为影响的程度和范围不同，理性行为主体在不同的约束条件下呈现不同的制度行为（Srinivas and Kumar，2010）。制度安排中的约束和激励机制具有重要的行为发生学意义（李怡和高岚，2012）。

基于上述分析，本节将农地整理项目建后管护制度的功能归纳为以下两点：①提供制度约束。制度的基本功用是为经济行为提供服务。管护制度通过规范利益相关者之间的相互关系，实现管护的行为有序化，从而有效抑制农民参与过程中的机会主义行为。②提供制度激励。完善的管护制度设计不仅能为利益相关者提供广泛合作的基本框架，还能激发理性"经济人"投入管护工作的内在推动力，明确参与管护的行为主体获取一致收益的权利，促进外部利益内部化。本节需要解决的关键问题是，虽然管护制度的基本功能已经从理论上得到严格的界定，但是在农地整理项目建后管护行为中，农民耕地保护协会的管护制度对农民意愿的影响机理和影响途径应当如何阐释？现有的制度设计应当引起我们在哪些层面上的反思与改进？

制度经济学界认为制度是在特定群体内部的一系列运行规则的组合（弗鲁博顿和芮切特，2012），制度与人的动机、行为有着内在的联系。本节按照 North（1994）的观点，进一步将制度分解为正式制度和非正式制度及其实施方式，正式制度指农民耕地保护协会制定的章程和其他契约；非正式制度指影响农地整理项目建后管护的传统、习俗、惯例、社会规范等。在此基础上，遵循"结构—行为—绩效"研究范式中制度结构对制度行为的影响机理，本节提出重要假说：正式制度和非正式制度将会在不同水平上影响行为人参与农地整理项目建后管护的选择过程。

（1）正式制度对农民行为意愿的影响。农地整理项目建后管护的正式制度往往经历若干变迁得以实现。农民耕地保护协会模式下的管护制度从农民生活和生产经验中演化，并在制度供给与制度需求之间实现了状态均衡。但是制度均衡并不意味制度效率，需要进一步判定制度实施的效用水平。本节借鉴奥斯特罗姆（2012）提出的长期续存的公共池塘资源制度的八项设计原则，分析正式制度对农民参与农地整理项目建后管护的约束与激励效应，即：①清晰界定边界——参与行为的受益群体是否清晰、受益程度是否有保障；②资源占用规则和当地条件的一致情况——协会关于建后管护的制度安排是否因地制宜；③集体选择的安排——农民个体是否享有建后管护中的决策权；④监督机制的设计——协会关于建后管护的运行与管理是否受到监督；⑤惩罚机制的设计——违反协会管护制度的行为是否受到惩罚；⑥冲突解决机制的设计——协会的管护制度是否能缓和村庄内部冲突；⑦对组织权的认可——协会制定的管护制度是否被农民认可；⑧嵌套式组织的设计——协会的管护制度是否呈现科层式结构。

（2）非正式制度对农民行为意愿的影响。非正式制度缺乏具有约束力的实施机制，只有与正式制度保持一致性、反映性、内生性（卢现祥，2011），才能和正式制度共同构成制度整体为社会的制度秩序做出贡献。农村社区内部的非正式制度主要表现为社会规范、道德规范、习俗惯例等内容。在非正式制度约束下，没有履行个人承诺、没有参与社区集体行动的行为人会遭到社会非议，同时，还会因为内部规范的软性制约而感到羞愧和内疚。考虑到计划行为理论是从主观态度、主观规范、知觉行为控制三方面刻画社会行为，与非正式制度的内涵具有一定的契合性，本节运用该理论分析非正式制度对农民行为意愿的效用。其中，主观态度表现为从村庄的社会规范和价值标准来看，参与建后管护是否有利于农村发展；主观规范表现为按照村庄的习俗惯例，农民是否从众地参与集体劳动；知觉行为控制表现为在历史传统和惯例影响下，农民掌握的劳动技能是否能完成建后管护工作。

二、数据来源

作为一类农民自主建立的社会组织，近年来蓬勃发展的农民耕地保护协会在耕地保护、宅基地审批、土地纠纷调处、农地整理等土地管理事务中发挥了积极作用，不断推动农村公共事务治理改革的历史进程，凸显了公共部门对公民参与社会事务的认同和创新社会管理模式的努力。

2011年6月，湖北省首个农民耕地保护协会在沙洋县李市镇彭岭村成立。彭岭村有9个村民小组，共1750余人，人均耕地不足1.3亩，此前因二轮延包的抛荒地归属、田块界线划分、宅基地边界确认等引发的纠纷时有发生。农民自发组织成立协会后，以"保障发展、保护资源、维护权益、服务社会"为宗旨，在协会理事会的领导下，通过巡查、宣传、调解等途径开展耕地保护活动。在农地整理方面，协会积极参与南水北调汉江沿线土地开发整理重大工程沙洋县李市镇项目[①]，履行了协会"受理农村土地综合整治等方面的矛盾和纠纷""配合开展土地开发整理""协助组织农业基础设施建设"等基本职责，发挥了区域示范辐射作用。

华中农业大学研究人员于2014年3月下旬和4月上旬，分两次对彭岭村农地整理项目建后管护状况开展抽样调查。在全村400余户家庭中随机挑选农户样本149份，其中，有效样本135份。

性别方面，有效样本中男性占73.0%；年龄上，30岁以下的农民占0.7%，31~39岁农民占3.7%，40~49岁农民占24.4%，50~59岁农民占42.2%，60~69岁农民占21.5%，70岁以上农民占7.4%；教育程度上，小学及以下占35.0%，初中占47.0%，高中占17.0%，大专及以上占1.0%；在农业收入占家庭总收入比例（以下简称农业收入比）方面，农业收入比低于20%的农民占25.2%，农业收入比为21%~50%的农民占37.0%，农业收入比为51%~80%的农民占20.7%，农业收入比高于80%的农民占17.0%。据统计，有效样本中约5%的村民已成为协会会员，有26%的村民有近期加入协会的愿望。

调查问卷显示，在农民耕地保护协会组织下，愿意参与农地整理项目建后管护的农民占77.8%，不愿意参与的占22.2%，可见大部分农民的行为意愿是倾向于参与和农业生产紧密相关的农业基础设施监管与维护工作。

三、变量选择

本节以农地整理项目建后管护的农民意愿为被解释变量。根据制度构成理论，结合彭岭村农民耕地保护协会实际情况，选取个体特征、正式制度特征、非正式制度特征3大类共11个变量作为解释变量。模型变量及其统计性描述见表3.1。

[①] 南水北调汉江沿线土地开发整理重大工程沙洋县李市镇项目由湖北省国土资源厅鄂土资批〔2011〕56号批准建设，于2012年10月正式开工建设，涉及沙洋县李市镇新城、蒋台、联盟、沿河、蔡咀、工农、董场、沈桥、刘巷、张巷、彭岭11个村，建设规模2.99万亩，批准投资5875万元，设计净增耕地1506亩。项目规划平整土地191.19万平方米；新修灌排管道188.22千米，泵站50座，闸、涵175座，田间路83.89千米，生产路28.00千米，农桥14座；植树3481株；新农村整治2处116户。

表 3.1 农地整理项目建后管护农民意愿的模型变量

变量	定义	最小值	最大值	均值	标准偏差
解释变量					
1. 个体特征变量					
性别	男=1，女=2	1	2	1.281	0.451
年龄/岁		26	81	54.681	9.365
教育程度	小学及以下=1，初中=2，高中=3，大专及以上=4	1	4	1.837	0.725
农业收入比	农业收入占家庭总收入比例	0	1	0.473	0.295
2. 正式制度特征变量					
制度受益	农民在管护制度中受益的程度	1	5	2.867	1.091
决策权利	农民享有决策权利的程度	1	5	2.385	1.086
惩罚机制	违反管护制度是否受到相应惩罚	1	5	3.149	1.030
制度认可	管护制度被村民认可的程度	1	5	1.793	0.793
3. 非正式制度特征变量					
村庄治理	参与管护有利于社区治理	1	4	1.985	0.801
从众行为	参与管护受从众心理影响的程度	1	5	1.948	0.933
劳动技能	个人劳动技能与管护工作的匹配程度	1	4	2.326	0.741
被解释变量					
农民意愿	不愿意=0，愿意=1	0	1	0.778	0.417

注：①个体特征类变量均为问卷调查中直接询问受访者得到；②制度类特征变量的赋值规则为"1=非常同意，2=比较同意，3=一般，4=不太同意，5=非常不同意"，如 1 表明受访农民主观上认为个体在制度实施上十分受益，5 表明没有任何受益，以此类推；③正式制度特征变量中，制度受益、决策权利、惩罚机制、制度认可变量分别对应奥斯特罗姆八项设计原则中的清晰界定边界、集体选择的安排、惩罚机制的设计、对组织权的认可。由于现行制度没有设计监督机制和科层式结构，管护制度涉及的内部冲突不明显、农民缺乏类似制度之间的比较等原因，其他原则没有相应变量进入模型

四、计量模型及结果分析

本节在设计调查问卷中，将农民意愿分为两个等级：愿意和不愿意，构成了具有明确意义的二分类变量。引入 Logistic 回归模型，将其定义为

$$\mathrm{Logit}(\pi/(1-\pi)) = a + \sum b_i X_i^1 + \sum b_j X_j^2 + \sum b_k X_k^3 + \varepsilon \quad (3.1)$$

式中，π 表示被解释变量相应取值的水平概率；a 表示常数项；b 表示影响因素的回归系数；X 表示解释变量（X^1 表示个体特征变量、X^2 表示正式制度特征变量、X^3 表示非正式制度特征变量）；ε 表示随机扰动项；i、j、k 分别表示影响因素的

编号。为比较不同类型解释变量对农民意愿的影响程度,构建四个 Logistic 回归模型:模型一仅考虑个体特征变量;模型二考虑个体特征变量和正式制度特征变量;模型三考虑个体特征变量和非正式制度特征变量;模型四综合个体特征变量、正式制度特征变量和非正式制度特征变量。采用 IBM SPSS 19 版本中的二元 Logistic 回归分析模块,分别对不同模型中的农民意愿开展回归分析。模型结果见表 3.2。

表 3.2 农地整理建后管护农民行为模型回归结果

变量	模型一 系数	模型一 优势比	模型一 p	模型二 系数	模型二 优势比	模型二 p	模型三 系数	模型三 优势比	模型三 p	模型四 系数	模型四 优势比	模型四 p
性别	0.939	2.558	0.333	0.533	1.704	0.465	1.108	3.028	0.293	0.486	1.625	0.486
年龄	1.516	4.553	0.218	2.577	13.156	0.108	0.209	1.232	0.648	0.042	1.043	0.837
教育程度	1.325	3.762	0.000**	1.357	3.886	0.001**	1.315	3.723	0.004**	1.141	3.129	0.012**
农业收入比	1.278	3.589	0.258	2.065	7.888	0.151	0.695	2.004	0.404	0.261	1.299	0.609
制度受益				1.098	0.334	0.000**				0.918	0.399	0.002**
决策权利				2.634	13.933	0.105				1.568	4.797	0.210
惩罚机制				0.011	1.011	0.915				0.163	1.176	0.687
制度认可				1.624	5.071	0.203				0.338	1.403	0.561
村庄治理							1.184	3.268	0.277	1.02	2.773	0.313
从众行为							1.072	0.342	0.000**	−0.049	0.35	0.000**
劳动技能							−0.735	0.479	0.043**	1.703	5.488	0.192
−2 倍对数似然值	127.156			104.746			97.533			90.426		
Hosmer-Lemeshow 检验				sig.=0.902>0.05			sig.=0.661>0.05			sig.=0.619>0.05		
预测正确率	77.80%			83.60%			84.40%			82.10%		

**表示在 5%的统计水平上显著

(1)个体特征变量。个体特征由性别、年龄、教育程度、农业收入比变量表征。其中,影响农民意愿的显著性因素是教育程度,在各模型中其显著度分别为 $p=0.000$、$p=0.001$、$p=0.004$、$p=0.012$,优势比大于 1,说明随着学历水平的提升农民愿意参与管护的概率得到提高。由调查资料可知,彭岭村当前留守的农民存在年龄偏大、知识结构层次偏低的状况,未接受非义务阶段教育的农民高达 82%。经过访谈可知,接受过较高层次教育(高中及以上)的农民对待农业发展的眼光更为长远,特别看重农田水利系统和田间交通设施对现代农业产业发展的基础性支撑作用，对在有组织条件下集体统一行动的意愿表达更为强烈。其他变量在5%显著性水平下统计意义不显著，但优势比仍然大于1，表明与被解释变量变化趋势的一致性。例如，农业收入比变量测量农户对农业生产的依赖程度，计量结果表明随着农业收入比例的增加，农民参与管护的意愿也随之增加。

（2）正式制度特征变量。根据奥斯特罗姆的制度设计原则，该类变量由制度受益、决策权利、惩罚机制、制度认可组成。回归模型中制度受益呈现较强烈的显著性（模型二 $p=0.000$、模型四 $p=0.002$），说明农民决策的主要依据是行为的利己性，行为意愿受制度受益程度控制，该结论体现了管护制度的激励功能。经相关分析得到，农民对制度受益变量赋值的选择和农户的当前农业净收入、制度完善后的农业净收入及农业净收入增加值均呈现负相关，其皮尔森（Pearson）相关系数分别为 -0.142（$p=0.100$）、-0.175（$p=0.042$）、-0.253（$p=0.003$），可见农民在决策过程中往往以现状农业生产的收益值作为参考点，更加重视参与行为的实施所导致的收益增加值。模型结果表明，针对农业基础设施管护的劳动需求人数多、工作量繁重的特点，正式制度明确了行为机制，降低了农民参与管护的交易成本，促成利益共同的集体一致行动，使农业收入增加成为可能，激励了农民有效参与管护行为。正式制度特征变量中的其他变量没有表现出显著性。现行管护制度结构的不完善，尤其是决策参与的不广泛、惩罚机制的不明晰、制度实施绩效的不明显、会员准入程序的不科学等是上述变量不显著的可能原因。

（3）非正式制度特征变量。采用村庄治理、从众行为、劳动技能变量代表非正式制度特征，研究其对农民意愿的影响机理。模型结果表明，受风俗惯例影响的从众行为（模型三 $p=0.000$、模型四 $p=0.000$）和劳动技能（模型三 $p=0.043$）表现出一定的显著性。中国农村社区仍是传统的"熟人社会"，农民以亲缘和地缘关系构建社会关系网络，形成的社会资本同构型较高、分化程度相对较低。在熟人或半熟人社会内，农民个体之间存在较强的信任和社会关联度，个人行为存在强烈的可预期性。因此，集体行动形成后，在传统惯例影响及舆论谴责威胁下，农民的投机行为被有效抑制，从众地参与管护的概率将大大增强。劳动技能变量主要反映农民个体的劳动技能，以及身体健康状况能否顺利完成劳动任务的预期，体现了传统的村庄集体劳动对参与者的基本技能要求。从统计结果来看，该变量对农民意愿的影响显著性不如从众行为。

此外，按照多中心治理理论的一般框架，农民耕地保护协会通过建立相应制度，实现农业基础设施管护的秩序化，并通过自主治理改善村庄治理的绩效。但上述理论假设并没有通过变量 X_9^3 的统计参数得到验证，模型中农民对参与管护能否改善村庄治理的主观态度的显著性不明显。

（4）模型的比较。四个 Logistic 回归模型试图从不同层面解释农民参与管护的意愿选择机理：模型一构建个体特征变量和农民意愿之间关系的回归模型；模型二反映了个体特征变量、正式制度特征变量对农民意愿的影响方向和影响程度；模型三用非正式制度特征变量代替正式制度特征变量；模型四综合集成了个体特征变量、正式制度特征变量、非正式制度特征变量三类变量对农民意愿的影响机理。

从 Logistic 回归模型的拟合效果来看，模型一整体未能通过 Hosmer-Lemeshow 检验，模型的拟合优度达不到要求；模型二、模型三、模型四的 Hosmer-Lemeshow 检验的显著度水平均大于 0.05，拟合优度达到预设标准。拟合效果评价结果说明，模型一仅采用农民的个体特征来解释其行为，无法从作用机理上尤其是在制度环境下解释农民的意愿选择。当增加其他解释变量后，回归模型对经济现象的解释能力大大增强，实现了从现象到本质的突破。比较模型的预测能力，模型一的预测能力最差，仅 77.80%，模型四、模型二、模型三的预测能力依次增加，分别达到 82.10%、83.60%、84.40%，模型具有相对准确的预测水平。

通过比较模型四和模型一、模型二、模型三的回归结果可以发现，模型之间各类解释变量的影响作用、影响方向、影响的显著性基本一致，农民意愿受个体特征、正式制度特征、非正式制度特征共同影响。需要说明的是，在模型三的基础上增加了正式制度特征变量之后（转变为模型四），劳动技能对模型解释的显著性有所下降，说明在现实经济世界中正式制度的影响力和非正式制度的影响力具有交互作用的特性，当两者并存的时候，非正式制度应当是正式制度的补充因素。

五、结论与建议

本节从制度构成的角度出发，阐释了正式制度和非正式制度分析框架下农地整理项目建后管护农民意愿的影响因素。运用奥斯特罗姆的资源管理制度设计原则及计划行为理论，对影响因素开展计量研究。根据对湖北省沙洋县李市镇彭岭村的实证研究，得到主要结论如下。

（1）个体特征中的教育程度对农民意愿产生显著影响，表现为随着学历水平的提高，农民意愿有所加强。正式制度特征中农民关于制度受益的认知程度对其意愿影响显著，表现为农民的意愿随制度实施后个体受益增加而强化。非正式制度特征中的从众行为和劳动技能也与农民意愿保持一致的趋势。实证研究结果验证了研究的理论假设。

（2）由计量模型的统计参数可知，单从个体特征角度出发解释农民意愿的选择缺乏信服力，制度特征类变量进入模型后解释能力得到较大增强。当正式制度特征模型或非正式制度特征模型转变为正式、非正式制度耦合作用模型时，部分特征变量的影响显著性有所降低。这与制度实施过程中两类制度的契合作用，尤其是非正式制度的"软约束"性质有关。

需要说明的是，本节采用计划行为理论阐释非正式制度对农民意愿的作用机理，在计量模型中假设农民意愿受主观态度、主观规范、知觉行为控制直接影响，而没有考虑上述要素之间存在交互影响。实证检验中的必要假设简化了模型的处理过程，但是否对研究结论产生影响并未开展深入讨论。这也是后续研究需要解决的问题之一。

本节基于研究主要成果提出如下管理建议。

（1）进一步完善管护制度设计，强化制度结构中的惩罚机制，发挥制度的约束效能。根据制度对行为的效用机理，制度对个体行为具有约束和激励两大作用。当前彭岭村管护制度的激励作用——获得更多的农业生产收入的效果显著，但由于缺乏针对性的章程条例，管护制度无法发挥约束效果，增加了农民"搭便车"的机会主义倾向。建议启动管护制度修订程序，增加积极参与管护工作人员同等条件下优先使用灌溉水资源、优先审批宅基地申请、优先获得耕地承包权、消极参与或怠工人员额外缴纳惩罚性灌溉水费等可行性条款。

（2）重视非正式制度的激励作用，逐渐引导、形成在农民耕地保护协会组织下参与管护的社会习俗，实现非正式制度与协会章程的契合。非正式制度是制度体系中的重要组成，只有与正式制度安排一致的非正式制度才能降低制度运行中的交易费用；反之，则会阻碍制度的实施，增加制度运行的成本。通过宣传教育，让彭岭村村民知晓农民耕地保护协会是农村社区治理的新形式，是联系农民与基层政府的桥梁，能够推进农村基层公共服务资源的有效整合，由此逐步增强农民对协会和管护制度的信任，最终实现提高农地整理项目建后管护绩效的目标。

第二节　农地整理项目建后管护的农民意愿与态度差异

一、研究框架

"驱动力—状态—响应"是资源环境领域中的主流评价模型（花菲菲和马耀峰，2016；王岱等，2014；刘玥等，2017）。该模型主要从驱动力——发生的原因、状态——存在的现状、响应——个体如何反应这三个维度来构成"为什么发生、发生了什么、有什么反应"的思维逻辑，从而体现了人类和环境之间相互作用、相互影响的关系。

本节中驱动力—状态—响应分析框架的基本结构为：农村地区的非正式制度是促成农民参与管护的主要驱动力；农地整理项目建后管护现状作为农民参与的相应状态；在非正式制度驱动力和管护现状的共同作用下，农民将会做出一定的情感反应和预期行为选择，以形成心理响应，并具体表现为农民对于管护的态度和意愿，从而最终形成"驱动力—状态—响应"的传导机制。

（一）驱动力要素分析

"驱动力"表示为什么发生，是问题的起因。本节将农村社区的非正式制度视为农民管护的驱动力因素。非正式制度是人们在长期社会交往过程中形成的，得到社会公众广泛认可的、共同遵循的并对一定范围人群产生影响的制度规范的总称，主要包括价值观念、道德观念、思想习惯、伦理规范（辛杰，2014；夏茂林，2016）。非正式制度往往与非正式机构紧密联系，其供给与惩罚主体是民间而非官方（谷领旗，2007）。近年来的相关研究成果显示，即使是在当今最发达的经济形态中，正式制度只能控制个体决策总约束的一小部分，无法对人的全部决策进行有效约束。诺思（1994）认为，"在日常生活中，我们在与他人发生相互作用时，无论是在家庭、在外部社会关系中，还是在经济活动中，控制结构差不多主要是由个人习惯、准则和习俗来确定的"。实际上农村悠久深厚的传统文化对农民个人的渗透影响深远，农村社区中的非正式制度更加明显（姜广东，2002）。非正式制度在我国农村社会经济生活各领域都起到了非常重要的作用，逐渐成为指导和规范农民个体决策的准则及驱动力。本节将从价值观念、道德观念、思想习惯、伦理规范方面来分析非正式制度对农民管护态度及管护意愿的驱动作用。

（1）价值观念。价值观念是非正式制度的重要构成，管护过程中农民的价值观念是其对建后管护的基本逻辑及其价值取向的集中反映，具体表现为能力价值、尊重威望等因素，即农民认为参与管护能够体现自身的能力与价值、增加个人的威望和受尊重的程度，从而激发农民积极的管护响应。

（2）道德观念。非正式制度中道德观念指依靠社会舆论、传统习俗和内心信念，农民对自身有一定的评判标准，并依此来调整农民与个体之间的相互关系。在道德观念作用下，如果农民认为参与管护能够提高社会公众对其的信任程度或提升个人的声誉程度，则会在态度和意愿上做出积极的响应。

（3）思想习惯。思想习惯是农民在长期的社会交往中形成的共同的思想观念、主观认识、思维方式（饶旭鹏和刘海霞，2012；李灿金，2013），是农民对建后管护的组织形式、运行模式、实施效用、发展方向等基本特征和基本规律相对一致的观点。如果农民认为参与建后管护能够显著提高农业收入水平或有效维护社交网络，也就是说农民参与建后管护在收入效应和社交效应上符合其思想习惯，可以预期农民的响应是相对积极的。

（4）伦理规范。中国农村传统上以血缘和地缘关系为基础构建社会网络，农民个体在处理人与人、人与社会的相互关系时特别重视应当遵循的道理、准则及其合理性。在集体行动中农民容易受到周边亲朋好友的影响，如果亲朋好友倾向于参与建后管护，在伦理规范的影响下农民个体也会愿意参与建后管护。

（二）状态要素分析

"状态"表示发生了什么，是问题的核心。"状态"反映农地整理项目建后管护的现状，体现了建后管护的基本特征，主要包括管护的决策参与、意见征询、宣传程度、投入程度和监督程度。

（1）决策参与。是否参与决策表明农民个体参与管护的渠道是否通畅。决策参与程度越高，农民会认为自己对决策结果影响越强烈，则其参与管护的态度和意愿也就越强。

（2）意见征询。农民意见征询程度是指在制定管护相关制度或规定时，询问及采纳农民意见的程度。征询农民意见是对农民个体的尊重，能有效激发农民的内心成就感，增强其管护热情从而提高农民参与管护的积极性。

（3）宣传程度。管护宣传是管护政策落地的有效措施之一。通过提高管护宣传程度可以增加农民对管护政策、管护流程、管护措施的接纳与认同，促使其生成更加积极的管护意愿与管护态度。

（4）投入程度。管护人员是参与管护的实际工作人员，尤其是指被集体统一安排的管护工作人员。对管护人员的投入程度越大，越能带动农民积极参与管护。

（5）监督程度。监督活动是外部（主要是指上一级政府或相关职能部门）对管护过程的监督过程。较高的监督程度可以促使管护工作顺利开展，并有效提高管护效率，增强农民个体管护参与度。

（三）响应要素分析

"响应"表示有什么反应，是解决问题的关键。"响应"过程表明在农村社区非正式制度驱动力和管护现状下的农民反应。社会人的态度和意愿是社会心理学领域的重要研究对象，一般认为，态度是人对某一社会客体（包括人、事件、观点等）的一种支持或反对的评价或情感反应，作为一种精神现象和活动，它是一种内在的心理倾向（王丽萍，2006；张林和张向葵，2003）；意愿是人对预期行为的理性选择，是在个人主观认知、价值规范和自身能力判断基础上的心理反应（Ajzen，1991；孙鹃娟和沈定，2017）。由此可知，态度和意愿都是人对某一社会客体的心理响应，它们从不同层次反映了人的心理倾向。针对现有研究忽略农民心理响应的不足，本节采用农民管护态度和农民管护意愿，即农民是否支持开展建后管护工作和农民是否愿意参与建后管护工作两个变量体现农民的心理响应，其中，农民管护态度是指农民在自身道德观和价值观基础上对建后管护的主观评价，农民管护意愿是指农民对实现建后管护特定目标而参与建后管护的真实意思的表示。在建后管护实践中，农民态度与农民意愿可能一致，也可能不一致。

（四）其他要素分析

（1）性别。相对于普遍性的男性外出务工，女性留守农村照顾家人的同时从事农业生产，女性寻求参与建后管护合作的可能性比男性要高。传统家庭分工中的性别差异可能会对态度和意愿造成影响。

（2）年龄。不同年龄段的农民管护响应可能出现差异。农民年龄越大，农业耕作经验越丰富、外出务工机会越少、越重视农地整理项目建后管护，据此认为年龄与管护响应呈正相关。

（3）学历。农民的学历状况对农民管护响应可能具有较强的正向影响，学历越高的农民对农地整理建后管护的认知程度越高，更能科学预测建后管护的收益程度，参与建后管护的响应也就越强烈。

（4）党员身份。党员了解有关政策的渠道和机会相对较多，党员农民也会主动配合农地整理的各项工作，因此，其对参与建后管护的响应也会更加积极。

（5）种植面积。种植面积是农户家庭特征的表征，反映农户的资源禀赋，同时也反映农户受农地整理的影响程度。一般来说，农户的种植面积越大，越会采取积极的措施开展建后管护以确保农业生产。

驱动力—状态—响应框架模型如图 3.1 所示。

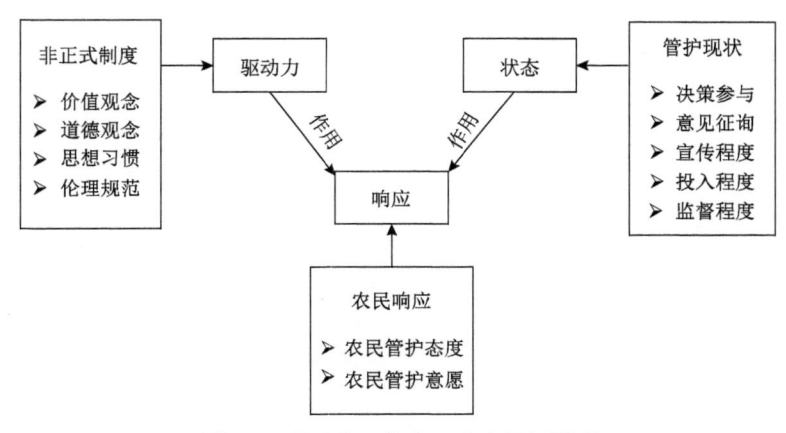

图 3.1 驱动力—状态—响应框架模型

二、数据来源

湖北省于 1999~2010 年共实施 9769 个农地整理项目（危小建等，2014），仅"十二五"规划期间湖北省完成项目总投资达 289.4 亿元，实施了南水北调汉江沿线土地整理、整体推进农村土地整治示范建设、丹江口库区"移土培肥"及配套坡改梯等国家重点工程（杨德全，2017）。其中，湖北省咸宁市整体推进农村土地整治示范建设项目优先实行土地整治全覆盖；荆州市陆续开展"兴地灭螺"土地整治项目和高标准基本农田等农地整理项目，全市集中连片推进土地整治；黄石市系统开展了高标准基本农田建设、"四化"同步示范乡镇土地整治项目，并产生了良好的效果。在相关政策支持下，湖北省农地整理项目成效显著。

研究人员于2016年8月下旬和10月上旬，分两次在湖北省咸宁市嘉鱼县、荆州市洪湖市、黄石市阳新县三个县（市）开展调查，在每个县（市）中选取5～6个农地整理项目建后管护典型乡镇，每个乡镇选取3～4个实施农地整理项目建后管护的典型村庄，每个村庄中随机抽取8～12名农民开展调查，合计16个乡镇、52个行政村、620份农民样本，最终获得有效样本599份。问卷主要包括农民个人基本情况、农村社区非正式制度状况、农地整理项目建后管护的现实状况、农民参与农地整理项目建后管护的态度和意愿等方面内容。有效样本总体特征如下：性别方面，男性占56.7%；年龄方面，40～49岁农民占24.2%，50～59岁农民占38.9%，60～69岁农民占24.9%；教育方面，小学及以下占47.8%，初中占42.4%；政治面貌方面，党员占6.1%；耕地面积方面，农户耕地面积5～10亩的占38.2%，10～15亩的占23.2%，大于15亩的占21.9%；调查样本中有86.6%的受访农民支持开展农地整理项目建后管护，有78.2%的受访农民愿意开展农地整理项目建后管护。

三、变量选择

根据驱动力—状态—响应分析框架，将响应变量作为被解释变量，农民个体特征及家庭特征变量作为控制变量，驱动力变量、状态变量作为解释变量。

具体而言：采用农民管护态度和农民管护意愿两个变量表征农民响应；选取性别、年龄、学历、党员身份、种植面积作为控制变量；选取价值观念、道德观念、思想习惯、伦理规范要素作为驱动力变量，其中，用能力价值、尊重威望指标来表征价值观念，用社会信任、个人声誉指标来表征道德观念，用收入效应、社交效应指标来表征思想习惯，用亲朋关系指标来表征伦理规范；采用决策参与、意见征询、宣传程度、投入程度、监督程度来表征状态变量。

相关变量的赋值原则为：①控制变量均为实地询问被调查者得到。②驱动力变量的赋值规则为"1=不赞同，2=不太赞同，3=无所谓，4=比较赞同，5=非常赞同"。③状态变量中，决策参与的赋值规则为"1=是，2=否"，如1表明农民参与过管护决策工作；反之，未参与过管护决策工作。其余状态变量的赋值规则为"1=非常低，2=比较低，3=一般，4=比较高，5=非常高"。④响应变量中，农民管护态度的赋值规则为"1=完全反对，2=略微反对，3=无所谓，4=比较支持，5=完全支持"，农民管护意愿的赋值规则为"1=不愿意，2=不太愿意，3=一般，4=比较愿意，5=非常愿意"。

采用克伦巴赫（Cronbach's α）系数对各类变量的内部一致性程度进行检验。运用 SPSS 软件分别对驱动力变量、状态变量、响应变量及控制变量四个类别维度的变量进行信度分析，结果表明驱动力变量、状态变量、响应变量及控制变量的克伦巴赫系数分别为 0.907、0.850、0.707、0.823，均大于 0.7，说明问卷数据可靠性良好，符合研究要求。

农地整理项目建后管护农民响应模型变量及描述性分析如表 3.3 所示。

表 3.3 农地整理项目建后管护农民响应模型变量

变量	定义	最小值	最大值	均值	标准偏差
1. 控制变量					
性别	男=1，女=2	1	2	1.43	0.496
年龄/岁	农民的真实年龄	32	81	55.82	9.208
学历	小学及以下=1，初中=2，高中=3，大专或本科=4，本科以上=5	1	4	1.63	0.665
党员身份	是=1，否=2	1	2	1.94	0.240
种植面积/亩	农户经营耕地的实际面积	0	200	10.39	10.930
2. 驱动力变量					
能力价值	参与管护体现个人能力与价值的程度	1	5	3.62	0.928
尊重威望	参与管护增加受人尊重和获得威望的程度	1	5	3.72	0.881
社会信任	参与管护提高在村里的信任程度	1	5	3.68	0.871
个人声誉	参与管护提高个人声誉的程度	1	5	3.70	0.928
收入效应	参与管护工作提高家庭农业收入的程度	1	5	3.86	0.965
社交效应	参与管护维护社交关系的程度	1	5	3.63	1.011
亲朋关系	参与管护强化与亲朋良好关系的程度	1	5	3.63	0.946
3. 状态变量					
决策参与	管护决策参与程度	1	2	1.93	0.250
意见征询	意见征询参与程度	1	5	2.42	1.009
宣传程度	管护宣传程度	1	5	2.54	1.035
投入程度	管护人员投入程度	1	5	2.96	1.094
监督程度	管护监督程度	1	5	2.67	0.973
4. 响应变量					
农民管护态度	是否支持开展管护工作	1	5	3.93	0.978
农民管护意愿	是否愿意开展管护工作	1	5	3.79	1.003

四、计量模型及结果分析

本节采用多元线性回归模型验证驱动力变量、状态变量、响应变量与控制变量之间的关系。建立模型如下：

$$D_b = a_0 + \sum a_1 V^1 + \sum a_2 V^2 + \sum a_3 Z + \varepsilon \qquad (3.2)$$

式中，D_b 表示响应变量；V 表示解释变量（V^1 表示驱动力变量、V^2 表示状态变量）；Z 表示控制变量；a_0 表示常数项；$a_1 \sim a_3$ 表示待估计的回归系数；ε 表示随机扰动项。

为分析响应变量与各解释变量之间的关系，本节构建四个多元线性回归模型。模型一、模型二以农民管护态度作为被解释变量，模型三、模型四以农民管护意愿作为被解释变量。其中模型二和模型四包含控制变量。利用 SPSS 20.0 软件对上述四个模型进行回归分析，模型结果如表 3.4 所示。

表 3.4　计量模型回归结果

变量	模型一 农民管护态度 系数	标准误差	p	模型二 农民管护态度 系数	标准误差	p	模型三 农民管护意愿 系数	标准误差	p	模型四 农民管护意愿 系数	标准误差	p
性别				0.138	0.074	0.062[*]				0.026	0.078	0.743
年龄				−0.007	0.004	0.076[*]				−0.013	0.004	0.003[***]
学历				−0.098	0.06	0.103				−0.027	0.063	0.664
党员身份				0.209	0.156	0.181				−0.092	0.164	0.576
种植面积				−0.002	0.003	0.657				0.003	0.004	0.350
能力价值	0.142	0.069	0.041[**]	0.141	0.069	0.041[**]	0.079	0.073	0.281	0.082	0.073	0.260
尊重威望	−0.035	0.070	0.617	−0.033	0.070	0.640	0.006	0.074	0.932	−0.006	0.074	0.939
社会信任	−0.017	0.069	0.811	−0.019	0.069	0.785	0.060	0.073	0.412	0.049	0.073	0.499
个人声誉	0.440	0.072	0.537	0.081	0.073	0.267	0.009	0.076	0.908	0.022	0.077	0.776

续表

变量	模型一 农民管护态度 系数	标准误差	p	模型二 农民管护态度 系数	标准误差	p	模型三 农民管护意愿 系数	标准误差	p	模型四 农民管护意愿 系数	标准误差	p
收入效应	0.179	0.047	0.000***	0.168	0.047	0.000***	0.177	0.049	0.000***	0.168	0.049	0.001***
社交效应	−0.056	0.058	0.329	−0.071	0.058	0.217	0.041	0.061	0.498	0.027	0.061	0.656
亲朋关系	0.133	0.066	0.043**	0.119	0.065	0.070*	0.029	0.069	0.678	0.026	0.069	0.705
决策参与	−0.462	0.157	0.003***	−0.516	0.158	0.001***	−0.395	0.165	0.017**	−0.367	0.166	0.028**
意见征询	−0.009	0.050	0.863	−0.009	0.049	0.863	0.084	0.052	0.108	0.080	0.052	0.123
宣传程度	0.039	0.049	0.427	0.030	0.049	0.536	−0.041	0.051	0.425	−0.042	0.051	0.408
投入程度	0.171	0.042	0.000***	0.161	0.042	0.000***	0.067	0.045	0.131	0.072	0.045	0.105
监督程度	0.001	0.045	0.993	0.0007	0.045	0.999	0.078	0.048	0.104	0.071	0.048	0.134
R-Square	0.203			0.219			0.161			0.177		
sig.	0.000			0.000			0.000			0.000		

*、**、***分别表示在10%、5%、1%的统计水平上显著

本节选取了多元线性回归模型中共 5 个控制变量和 12 个解释变量，但变量之间可能存在多重共线性。根据多重共线性检验规则，选取方差膨胀因子（variance inflation factor，VIF）作为判断依据。各控制变量和解释变量的方差膨胀因子均小于 3，表明变量之间不存在多重共线性问题。根据表 3.4 的结果，模型一与模型二、模型三与模型四各解释变量的回归系数、显著性水平基本一致，说明态度模型和意愿模型稳健性良好，有较好的整体解释效果。具体而言如下。

（1）在控制变量（农民个体特征及家庭特征变量）中，年龄和性别表现出显著性。其中，年龄在模型二、模型四中存在显著性影响（$p=0.076$，$p=0.003$），其回归系数在两个模型中均为负，说明年龄对农民管护态度和意愿有负向影响，农民的年龄越大，对管护的态度相对消极也越不愿意对农地整理项目进行建后管护。性别在 10%显著性水平下对农民管护态度有正向影响，说明农村中的女性对

参与建后管护的态度积极。相对于普遍性的男性外出务工，在大部分女性留守农村照顾家人的同时从事以农业生产为主要生计方式成为农村社会现实特征的情况下，使女性在支持管护的态度上更加积极。但性别对模型四中农民管护意愿没有显著性影响，说明男性和女性在意愿表达上没有呈现差异。引起我们关注的现象是，在农村非正式制度的驱动下，女性产生支持建后管护的情感反应，但女性没有直接表现出明显的管护意愿。在调研中发现有 87.2%的女性支持建后管护，有74.4%的女性调查者不愿意参与管护，大部分女性管护意愿选择取决于是否需要投入过多资金和劳动力，女性调查者中有 74.4%的女性不愿意参与管护，不愿意参与管护的女性中，管护人员投入程度比较低的占 45.1%、非常低的占 40.3%。参与管护会使农民投入更多的人力和财力，可能的解释是，在管护成本尤其是人力投入的约束下，女性的管护意愿不显著。这与吴九兴和杨钢桥（2013）、王聪等（2017）关于性别对管护意愿影响不显著的研究结论一致。

（2）在驱动力变量（非正式制度变量）中，收入效应在四个模型中都具有很强的显著性，并且其回归系数为正，说明其对农民的管护态度及意愿呈正向影响。农民希望能够通过管护工作保证农地的耕作质量，并增加农业收入。除此之外，能力价值和亲朋关系在态度模型（模型一、模型二）中有一定的显著性，但在意愿模型（模型三、模型四）中没有表现出显著性。在态度模型中两个变量的回归系数均为正，说明农民个体觉得参与管护能够体现自身的价值及会影响与亲朋之间的关系，因此，其对管护形成了更加积极的态度，更加支持开展管护工作。能力价值的估计结果表明，参与管护体现自己的能力与价值是一种激励效果，农民形成这种价值观念后能不断地激励、引导他们支持管护工作。亲朋关系的估计结果表明，农民参与管护能强化与亲朋好友之间的关系，不参与管护将会影响其与亲朋好友之间的关系，这表现为一种约束效果；在熟人或半熟人社会中农民更加重视伦理规范，在大多数人参与情况下，不参与建后管护会遭遇舆论谴责，因此，能够有效抑制机会主义想法。

（3）在状态变量（管护现状变量）中，决策参与在模型一、模型二、模型三、模型四中分别在 1%、1%、5%、5%显著度水平下具有显著性，其回归系数均为负，说明管护决策参与程度对农民管护的态度和意愿呈负向影响，即管护的决策参与程度越高，越能有效激发农民的参与意识，农民越倾向于承担管护的责任，对管护的态度越积极，也越愿意去参与管护。态度模型中投入程度在 1%显著度水平下具有显著性，但在意愿模型中没有表现出统计意义；其回归系数为正，说明农村社区中的管护人员投入程度越大，农民个体参与管护的成本越低，农民个体的管护态度越积极。

（4）从模型运行结果来看，四个回归模型的显著变量基本一致，但这些解释变量和控制变量在不同模型中的影响程度却有一定的差异。年龄、收入效应、决策参与在态度模型和意愿模型中都表现出了显著性,但性别、能力价值、亲朋关系和投入程度只在态度模型中具有显著性影响,在意愿模型中没有显著性影响。上述结果显示,性别、能力价值、亲朋关系和投入程度这四个变量直接作用于农民参与管护的态度但不影响管护的意愿,这表明农民虽然主观上支持开展管护工作、对管护工作持有积极的态度,但农民参与管护的意愿并不强烈。我们在实际调研中也发现,农民在非正式制度的驱动力下,对开展建后管护的态度都比较积极,但农民意愿调查则会表现为一定的差异,其管护意愿和管护态度存在偏差。具体而言,完全支持开展建后管护的农民占 30.1%,比较支持的农民占 46.6%,其余农民共占 23.3%;在完全支持和比较支持的农民中,仅有 65.1%的农民愿意开展建后管护。究其原因,实地调研发现管护意愿强烈的农民群体中有 81.3%参与了建后管护决策,对管护有积极态度却没有管护意愿的农民群体中有 90.2%没有参与建后管护决策,这是态度和意愿不一致的重要因素。

五、结论与建议

本节根据驱动力—状态—响应分析框架,阐释了农地整理项目建后管护的农民响应机制,将农村社区普遍存在的非正式制度作为驱动力要素、管护现状作为状态要素、农民的管护意愿和管护态度作为响应要素。本节通过建立多元线性回归模型,探讨控制变量、驱动力变量和状态变量对响应变量的影响程度。得到的主要结论如下:①农民年龄对管护意愿和管护态度产生显著影响;驱动力变量中的收入效应对农民的管护意愿和管护态度产生显著影响,表现为农民希望能够通过管护增加农业收入;状态变量中的决策参与具有显著性影响,表现为农民决策参与程度越高,越愿意参与管护。②变量在意愿模型和态度模型中表现出一定的差异,性别、能力价值、亲朋关系和投入程度这四个变量对农民管护态度有显著性影响,但对农民管护意愿没有显著性影响,说明农民的管护态度并没有直接转化为农民的管护意愿,两者之间还有一定的背离。

本节基于研究成果提出相应的建议如下:①非正式制度广泛存在于我国农村社会经济生活领域,农民的价值观念、道德观念、思想习惯、伦理规范对农民管护有强烈的驱动力作用。在实际管理工作中应注重合理挖掘与发挥非正式制度的驱动力作用,通过非正式制度的激励和约束效应来引导农民对管护的积极态度、增强农民参与管护的意愿。②建立健全农村社区集体管护机制,积极引导农民参与管护的决策工作,让普通农民对管护制度、管护条例有更加深刻的理解,从而切实提高农村地区的管护参与程度。③管护态度只是反映农民对管护的主观评价,而管护意愿决定农民是否实际参与。通过非正式制度中农民的价值观念等驱动力及提高管护人员的外部投入可以较为容易地培育农民的积极态度,同时采取适当措施促进农民管护意愿的转化,如加强管护决策的公众参与,在决策前期保障农民的知情权,在决策中期尊重农民的话语权,在决策后期落实农民的监督权等均是行之有效的针对性举措。

本节还可以从以下方面做进一步改进:①农地整理项目建后管护研究中对非正式制度的探讨尚不多见,本节将非正式制度作为管护的驱动力变量、将管护现状作为状态变量建立了农地整理项目建后管护的响应机制模型。但拘于实地调研问卷设计的局限,模型中反映驱动力变量、状态变量、响应变量的指标仍需进一步完善。②农村社区对管护的实际投入包括管护人员投入、管护资金投入、管护工具投入等,而管护投入变量只分析了管护人员投入(投劳)程度及其对管护响应的影响。若要综合分析管护的投劳、投资对农民管护态度和管护意愿的影响尚需进一步探讨与验证。

第三节 农地整理项目建后管护的农民行为

一、研究框架

勒温(2003)认为人的行为受个体因素和环境因素的影响,并随个体因素与环境因素的变化而变化;不同个体对同一环境条件会产生不同的行为,同一个体对不同的环境条件也会产生不同的行为。上述可表示为模型 $B=f(P,E)$,式中,B 代表行为;P 代表个体特征;E 代表环境,包括思维环境、自然环境、社会环境、制度环境等(杨建春和李黛,2012;林培锦,2015)。

制度环境是指在特定的社会背景下的制度化过程及其影响机制(Grewal and Dharwadkar, 2002)。根据诺思(2008)的观点,农地整理项目建后管护制度是指规范农民管护行为的规则,包括正式制度和非正式制度及其实施方式,其中,正式制度是指政府和村民自治组织颁布的管护制度、规章、条例等,具有外在的强制约束性;非正式制度是指依靠农民内心的自省和自觉,对农民的管护行为产生影响的社会习俗、道德规范、思想信仰、意识形态等,是一类缺乏约束力的实施机制,只有当其与正式制度保持一致时,才能充分发挥其作用(卢现祥,2011)。现有研究指出,农民的管护行为意愿受正式制度和非正式制度的共同影响(赵微,2015)。当前我国农村正处于转型发展时期,制度环境的主要特征表现为政府部门介入程度过高,管护法律环境的不完善,等等(周中胜等,2012)。而完善的制度环境有助于降低农民管护中的不确定性,预防机会主义行为(陈永昶等,2015),促进农地整理基础设施的可持续利用(谭荣,2010)和农民管护责任的履行(周中胜等,2012)。制度环境强调合法、社会因素、心理因素的重要性(Scott and Christensen, 1995),使农地整理项目区农民管护行为形成了从有意识到无意识，从强制到理所当然的过程（Hoffman，1997），这与 Scott 制度环境理论相契合。斯科特（2010）认为制度环境由规制性要素、规范性要素、文化—认知性要素三大基础要素构成。规制性要素主要包含农地整理项目建后管护相关法律、法规和规章（Grewal and Dharwadkar，2002），是一种外在的力量，通过强制机制或诱导机制对管护主体的行为进行规范和引导（Grewal and Dharwadkar，2002；任星耀等，2010），使其行为朝着有利于建后管护的方向发展，当管护主体的行为与农地整理项目的长期综合效益相一致时，予以奖励；反之，则予以惩罚，并对相关的建后管护过程实施内部和外部的监督。规范性要素主要通过规范机制支配管护主体的行为，管护标准被管护主体内化为某种社会责任，如果不遵守，则管护主体将承担相应的社会压力（斯科特，2010）。文化—认知性要素则主要通过模仿机制（斯科特，2010）影响管护主体的行为，管护主体一般选择遵从当前的管护传统或模仿他人的管护行为，并且认为遵守管护制度是理所当然的从众行为。

二、数据来源

华中农业大学研究人员于 2016 年 1 月 10～13 日和 2016 年 3 月 26～28 日，分别对河南省邓州市和湖北省团风县的农地整理项目建后管护情况开展调查。邓州市地处河南西南部、湖北交界部位，是南水北调中线工程渠首市；其水资源丰富，山少、岗多、平原广，农地整理条件优良。农地整理项目竣工后，每个村都配备 1 名专职管护人员，负责项目区内沟渠疏通、道路维护、电力检查、树木修剪等基础设施的管护。2012 年邓州市颁布了《邓州市人民政府关于进一步加强土地整理项目后期管护工作的通知》，文件规定农地整理项目竣工后，管护主体是市政府，市政府委托乡镇政府和相关单位进行具体管理；乡（镇）长和部门负责人为第一责任人，负责建后管护的领导协调和管理工作，并制定相应的工程管护制度，定期进行检查监督；层层签订管护合同，分工程种类定岗定责落实到人；在明显位置设立标志牌，刷写管护标语进行宣传；设立举报电话，对破坏项目区基础设施等现象予以高度重视。

团风县位于湖北省东部，北依大别山，南邻长江，地势北高南低，巴河和举水两大内河穿境而过，属于典型的亚热带季风气候，降水季节性、地域性分布不均，旱涝灾害时常发生，农地整理项目建后管护尤为重要。根据团风县人民政府网站资料显示，团风县农地整理项目建成后成立项目管护小组，坚持"谁承包、谁管护，谁损害、谁赔偿"的原则，实现专业管护与群防群护相结合；同时按照"以工程养工程"的办法，管护承包人从工程运营中收取管护费；在项目区建造标志牌，进行管护宣传；这些管护措施的推进为促进团风县农业稳定增效、农民持续增收做出了积极贡献。团风县自古以来就是鱼米之乡，农民从事农业生产经验丰富、技能娴熟；作为革命老区，人文文化的传承和发扬在经济社会发展中作用巨大；在地形因素和血缘纽带的作用下，村民大多集群而居、关系紧密，如果成员行为有助于当地发展，则会受到大家的认可和尊重；否则，则可能对其声誉产生不利影响。

基于邓州市和团风县的实际管护情况及其在正式管护制度与非正式管护制度的典型性，因此，选择该地区作为调研区域。本次调研随机挑选调查样本 444 份，有效样本 440 份。其中，邓州市的文渠乡 46 份，张楼乡 47 份，白牛乡 50 份，夏集乡 48 份，裴营乡 45 份；团风县的马曹庙镇 32 份，陈策楼镇 11 份，上巴河镇 159 份，总路咀镇 2 份。性别方面，有效样本中男性占 59.8%；年龄方面，50～59 岁的农民占 27%，60～69 岁的农民占 32.3%，70 岁及以上的农民占 12.5%；文化程度方面，小学及以下占 62.3%，初中占 29.5%；健康程度方面，良好占 62.5%；有 6.8% 的受访农民当过村干部，有 7.3% 的受访农民为党员；农业收入比方面，有 52.0% 的受访农民家庭农业收入比低于 20%，有 21.9% 的受访农民家庭农业收入比为 21%～50%；在管护行为方面，参与过农地整理项目建后管护的农民占 25.7%，未参与过的农民占 74.3%。

三、变量选择

本节以农地整理项目农民的管护行为作为被解释变量。根据 Scott 的制度环境理论，结合被调查区的实际情况选取个体特征变量、规制性要素特征变量、规范性要素特征变量、文化—认知性要素特征变量共 4 大类 17 个变量作为解释变量（表 3.5）。具体而言：①个体特征变量中，性别、年龄、文化程度、健康程度、村干部、党员、农业收入比均通过问卷直接询问村民得到。②规制性要素特征变量中，内部制度表示内部管护制度的完善程度，体现管护制度的激励作用；外部监督表示外部监督制度的有效程度，体现管护制度的约束作用。变量赋值规则为"1=非常低，2=比较低，3=一般，4=比较高，5=非常高"。③规范性要素特征变量中，农业生产表示管护制度对农业生产的促进程度；村庄治理表示管护制度对村庄治理与发展的促进程度；村民相处表示管护制度对村民和睦相处的促进程度，这三者体现管护制度的激励作用。影响亲友关系表示不参与管护对亲友关系的影响程度；引发议论表示不参与管护对农民个人信誉的影响程度；被村民孤立表示不参与管护在村内受到的压力水平，这三者体现管护制度的约束作用。变量赋值规则为"1=完全不赞同，2=比较不赞同，3=无所谓，4=比较赞同，5=非常赞同"。④文化—认知性要素特征变量中，从众行为表示管护行为受其他村民的影响程度，体现村民的从众程度；干部权威表示管护行为受村干部的影响程度，体现村干部的权威，其变量赋值规则与规范性要素特征变量相同。

表 3.5 农地整理项目农民管护行为的模型变量

变量	定义	最小值	最大值	均值	标准差
解释变量					
1. 个体特征变量					
性别	男=1，女=2	1	2	1.40	0.491
年龄/岁		15	89	55.67	12.359
文化程度	小学及以下=1，初中=2，高中=3，大专=4，大专以上=5	1	5	1.47	0.694
健康程度	良好=1，一般=2，不好=3	1	3	1.48	0.678
村干部	是=1，否=2	1	2	1.93	0.252
党员	是=1，否=2	1	2	1.93	0.260
农业收入比	农业收入占家庭总收入的比重	0	1	0.35	0.346
2. 规制性要素特征变量					
内部制度	内部管护制度的完善程度	1	5	2.65	0.872
外部监督	外部监督制度的有效程度	1	5	2.51	0.933
3. 规范性要素特征变量					
农业生产	管护制度对农业生产的促进程度	1	5	4.10	0.767
村庄治理	管护制度对村庄治理与发展的促进程度	1	5	4.08	0.631
村民相处	管护制度对村民和睦相处的促进程度	1	5	3.93	0.606
影响亲友关系	不参与管护对亲友关系的影响程度	1	5	3.01	0.843
引发议论	不参与管护是否会引发议论、降低信任	1	5	3.10	0.803
被村民孤立	不参与管护是否会被村民孤立	1	5	3.03	0.821
4. 文化—认知性要素特征变量					
从众行为	参与管护受其他村民的影响程度	2	5	4.03	0.775
干部权威	参与管护受村干部的影响程度	1	5	3.91	0.764
被解释变量					
管护行为	未参与=0，参与=1	0	1	0.26	0.437

四、计量模型及结果分析

农地整理项目农民管护行为包括项目区日常巡查、破坏劝阻、纠纷调处、设施维修等内容。本节中农民的管护行为分为参与过和未参与过,构成了具有明确意义的二分类变量。根据 Lewin 行为模型"管护行为受个体因素和环境因素的影响"的基本假设,引入 Logistic 模型,将其定义为

$$\ln(\psi_i/(1-\psi_i)) = a + \sum b_i x_i^1 + \sum c_i x_i^2 + \sum d_i x_i^3 + \sum e_i x_i^4 + \varepsilon \quad (3.3)$$

式中,ψ_i 表示第 i 个农民管护行为的概率;x 表示解释变量(x^1 表示个体特征变量,x^2 表示规制性要素特征变量,x^3 表示规范性要素特征变量,x^4 表示文化—认知性要素特征变量);a 表示截距项;b、c、d、e 表示解释变量 x 的回归系数;ε 表示随机误差项。

现有研究也指出,理性个体行为与个人意愿之间存在较强的关联性(帕森斯,2003)。陈厚涛和姜志德(2013)通过实证得出农户的生态建设意愿会对其行为产生重要影响,表现为退耕农户的生态建设意愿越强,其生态建设行为发生的可能性越高;钟晓兰等(2015)探讨了土地流转过程中农户意愿与行为的关系,结果显示土地流转意愿与流转行为显著相关,农户的农地流转意愿对实际的流转行为具有较强的导向性和影响力。因此,我们有理由认为农地整理项目农民的管护意愿对其管护行为具有重要的指引作用。由此得到本节的另一假设:基于管护意愿对管护行为的指引作用,将管护意愿作为管护行为的代理变量,假定管护意愿也受个体因素和环境因素的影响。引入二分类变量管护意愿,定义 Logistic 模型为

$$\ln(\pi_i/(1-\pi_i)) = a_0 + \sum k_i x_i^1 + \sum l_i x_i^2 + \sum m_i x_i^3 + \sum n_i x_i^4 + \mu \quad (3.4)$$

式(3.4)为管护意愿模型,式中,π_i 表示第 i 个农民管护意愿的概率;a_0 表示截距项;k、l、m、n 表示解释变量 x 的回归系数;μ 表示随机误差项。

本节采用 SPSS 17.0 中的二元 Logistic 回归分析模块分别对农民的管护行为和管护意愿进行计量分析,结果如表 3.6 所示。

表 3.6 农地整理项目农民管护行为和管护意愿模型显著性回归结果

变量	管护行为 系数	管护行为 优势比	管护行为 p	管护意愿 系数	管护意愿 优势比	管护意愿 p
年龄	0.012	1.012	0.374	−0.038	0.962	0.005***
党员	−0.915	0.400	0.083*	0.095	1.100	0.834
外部监督	0.747	2.112	0.000***	−0.284	0.753	0.100
农业生产	−0.746	0.474	0.000***	0.242	1.273	0.217
村庄治理	0.463	1.588	0.097*	0.447	1.563	0.072*

续表

变量	管护行为			管护意愿		
	系数	优势比	p	系数	优势比	p
被村民孤立	1.083	2.953	0.000***	−0.047	0.954	0.868
从众行为	0.110	1.116	0.698	0.670	1.953	0.009***
−2倍对数似然值		363.532			370.198	
卡方检验		6.021			2.641	
Hosmer-Lemeshow 检验		0.645			0.955	
预测正确率		80.00%			82.50%	

*、***分别表示在10%、1%的统计水平上显著

从模型拟合效果上看，管护行为和管护意愿模型的 Hosmer-Lemeshow 检验结果分别为 0.645 和 0.955，表明模型拟合效果良好。从预测能力上看，管护行为和管护意愿模型的预测正确率分别为 80.00%、82.50%，表明模型具有相当准确的预测水平。

（1）研究结果显示，影响管护行为的显著性因素为党员、外部监督、农业生产、村庄治理和被村民孤立。其中，党员在 10%的统计水平上呈现显著性且系数为负，表明党员实施管护行为的比重更低，其解释是被调查者中党员为村民中的"精英分子"，从事单一农业生产的比重较小。外部监督通过了 1%的显著性检验且系数为正，优势比为 2.112，表明在有效外部监督下的农民管护行为比缺乏有效外部监督下的管护行为高 111.2%，外部监督越有效，管护制度的约束功能越明显，农民的管护行为越显著。农业生产的系数为负，表明管护对农业生产的促进程度越高，农民参与管护的比率越低，其相应解释是农地整理项目建后管护受益面比较广、工作量比较大，应该是一种集体性的行为而非个人行为，存在"搭便车"的机会主义可能。村庄治理在管护行为模型通过了 10%的显著性检验（p=0.097），并且管护行为系数为正，表明管护对村庄治理和发展的促进程度越高，农民参与管护行为的概率越高，对应解释是村庄管护劳动强度较小，短时间内能给农民的生活环境带来可观的改善。被村民孤立通过了管护行为模型 1%的显著性检验，并且优势比为 2.953，表明认为不参与管护会被其他村民孤立的农民比认为不会被其他村民孤立的农民高出 195.3%，被孤立的压力越大，实施管护行为的可能性越高。可以看出，影响农民管护行为的因素有个体特征变量、规制性要素特征变量、规范性要素特征变量，文化—认知性要素特征变量没有表现出显著性。

（2）影响管护意愿的显著性因素为年龄、村庄治理、从众行为。年龄通过了管护意愿模型的显著性检验（显著水平为 p=0.005），且系数为负，说明年轻者管

护意愿更强。由调查记录可知，年轻者文化程度较高，看待农业发展的眼光更长远，对农地整理项目建后管护的重要性和必要性认识更充分，因而对建后管护的意愿更强。村庄治理在管护意愿模型中在10%的统计水平上显著，并且系数为正，表明管护越有利于村容整洁和村庄未来的和谐发展，村民管护积极性越高。从众行为在管护意愿模型中通过了1%的显著性检验（$p=0.009$），表明中国农村仍然是以地缘关系和血缘关系为主要纽带的熟人社会，农民对其他村民的信任程度较高。可以看出，作为管护行为的代理变量，管护意愿的影响因素有个体特征变量、规范性要素特征变量、文化—认知性要素特征变量，规制性要素特征变量没有表现出显著性。

（3）年龄、党员、外部监督、农业生产、被村民孤立和从众行为变量在管护行为模型与管护意愿模型中存在不一致的影响功能。年龄没有通过管护行为模型的显著性检验，调查数据显示，50岁及以上的农民占被调查对象的71.8%，表明在农村从事农业生产的主要是老年人，而老年人由于自身条件的限制难以胜任工作量繁重的农业基础设施管护工作。从众行为在管护行为模型中没有通过显著性检验，说明农民是否开展管护行为还受到其他因素的影响，如管护行为的实施需要受到人力、物力、财力的限制。

党员在管护意愿模型中没有通过显著性检验，说明农民是否愿意参与管护与是否是党员无关。外部监督在管护意愿模型中不显著，调查表明农地整理项目建后管护外部监督比较薄弱或领导下乡考察并未深入农民内部，因此，其对农民的管护积极性影响不大。农业生产在管护意愿模型中并未通过显著性检验，由于被调查区农地整理项目建后管护开展的时间比较短，管护对农业生产的促进作用还不明显。被村民孤立没有通过管护意愿模型的显著性检验，实践证明农村依然是传统意义上的关系社会，对不参与项目管护的农民来说，孤立方式处罚偏重，农民为了维持农村社会的和谐稳定，一般不采取这种方式，因此，该变量对村民管护意愿的约束作用并不明显。

村庄治理在管护行为模型和管护意愿模型中均通过了显著性检验，表明管护对村庄治理与发展的促进程度越高，农民产生管护意愿和实施管护行为的概率越高。这也进一步验证了村庄治理优化在改善农村居住环境、维护村庄良好的公共秩序、提高农村公共服务效率（谢迪和吴春梅，2013）方面的重要作用。

五、结论与建议

本书从心理学的角度出发，分析了管护制度环境下农地整理项目农民管护行为的影响因素，并运用二元Logistic回归模型对影响因素展开计量。根据河南省邓州市和湖北省团风县的实证研究，得到主要结论如下：①农民个体特征变量中党员身份对农民的管护行为影响显著;规制性要素特征变量中,外部监督对管护行为产生显著性的影响,表明外部监督制度越有效,农民管护行为越强;规范性要素特征变量中农业生产、村庄治理对管护行为影响显著,管护行为随着对农业生产促进程度的增强而弱化,随着管护对村庄治理与发展有效程度的增强,农民实施管护行为的概率提高;被村民孤立对管护行为的影响也通过了显著性检验,不参加管护的农民承受的压力越大,管护行为越明显。②农民的管护意愿对管护行为具有一定的指引作用。影响管护意愿和管护行为的共同因素为村庄治理,表明只有切实关系农民利益且见效快的因素才能同时影响农民的管护意愿和管护行为。此外,农民的管护行为与管护意愿影响因素之间存在差异。党员身份、外部监督有效程度、管护对农业生产的促进程度、管护对村庄治理和发展的促进程度与被村民孤立的压力对农民的管护行为起决定作用。而农民的管护意愿主要受年龄、管护对村庄治理和发展的促进程度、其他村民的影响程度的影响。农民的管护行为较多受到外部环境的影响,外部监督的有效程度及农业生产能力的增长、农村生活环境的改善、农村社区村民关系的维护等切实问题会对农民的管护决策产生实质性的影响。

需要注意的是,随着农村经济社会的发展及农地整理项目建后管护法律法规的深入执行,影响农民管护行为的制度激励与约束因素有可能发生变化。此外,本节运用 Scott 制度环境理论来分析制度对农民管护行为的作用机理,在计量模型中没有考虑规制性要素特征变量、规范性要素特征变量及文化—认知性要素特征变量三者之间的相互影响。这也是后续研究需要解决的问题之一。

本节基于研究成果提出以下建议:①外部监督在管护行为模型中有显著影响,建议增强外部监督的制度化建设,强化相关组织机构的监督职能;将外部管护监督频率、监督内容、监督程序等以制度的形式确定下来,监督中发现管护情况良好的地区予以经济和物质激励,发现管护情况不达标的地区应予以指导,且限期保质保量进行整改;将管护监督结果与管护考核相挂钩,作为该地区农地整理项目年终管护考核情况的评判标准之一,切实发挥外部监督的正向激励和约束功能。②被村民孤立的可能性在管护行为模型中显著,建议重视并合理运用社会舆论的引导作用,利用电视、广播、宣传栏等媒介定期进行管护先进人物宣传,加强农地整理项目建后管护的重要性和技术知识教育,营造积极的管护舆论氛围,把握舆论引导的主动性和有效性。当社会舆论压力与农民的心理预期一致时,农民会自觉自愿参与管护;反之,则会阻碍管护意愿或管护行为的产生。③从众行为通过了管护意愿模型的显著性检验,建议重点号召老党员、老干部或种田能手等农村精英分子积极投入到农地整理项目的建后管护工作中来,凭借他们在村内较高的声望,充分发挥他们在先锋模范、组织领导、生产管理等方面的作用,从而带动其他农民参与管护的积极性和主动性,促进农民的管护意愿更有效地转化为管护行为。

第四节　农地整理项目建后管护的农民意愿—行为转化

一、研究框架

　　计划行为理论由理性行为理论延伸而来，是阐释理性个体的意愿和行为的有效理论工具。根据计划行为理论，农地整理项目建后管护的农民参与意愿受行为态度、主观规范和知觉控制这些前置因素作用，同时农民参与行为由其参与意愿控制。其中，行为态度表征农民对参与建后管护的主观态度和价值判断；主观规范表征在习俗和惯例影响下农民应该如何参与建后管护的规范效用；知觉控制表征农民个体禀赋的感知对参与建后管护的控制和影响程度。在运用计划行为理论构建预测模型时应该注意行为态度、主观规范和知觉控制虽然在概念上完全独立，但是其拥有共同的信念基础，因此，会在统计意义上呈现关联性。

　　计划行为理论在行为决策领域得到广泛的研究与运用，但是理论模型假设行为人的参与意愿直接决定参与行为（吴九兴和杨钢桥，2014；陈厚涛和姜志德，2013），或者将知觉控制作为实际控制条件的替代测量指标来预测行为发生的可能性，这一假设与现实世界中农民意愿—行为转化过程中的事实不一致。本节采用计划行为理论对农民参与意愿进行科学解释，并对参与行为的决策因素进行有效改进，引入制度经济学范畴的"交易"概念阐述参与行为的发生，进而提出研究的基本假设：行为态度、主观规范和知觉控制决定农民参与意愿，上述因素和交易费用共同影响农民参与行为，即交易费用也是影响农民参与意愿向参与行为转化的主导因素（图3.2）。

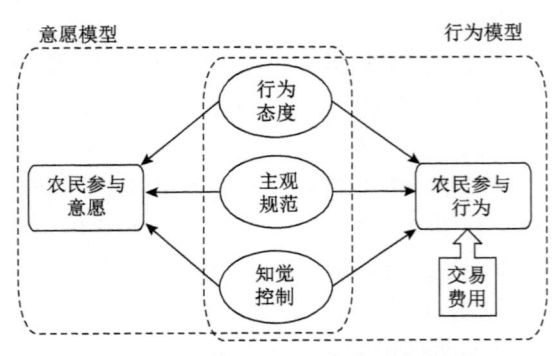

图3.2　农民参与意愿—参与行为研究框架

　　在农地整理项目建后管护过程中，农民的管护行为会导致权利让渡、管护服务责任主体发生转移、农业生产基础设施的物理形态得以改良，最终实现权利、服务和物品发生迁移的"交易"。根据交易费用理论，农地整理项目建后管护过程中隐含的交易费用是影响管护实施的关键因素,不合理的规制结构生成较高的交易费用,阻滞农民的参与意愿向参与行为的顺利转化,并有可能导致交易失败。

常规上学者们往往在交易发生后采用资产专用性、交易频率和交易的不确定性三个维度,分析交易特征要素和交易费用数量的相关关系;但当行为人选择不参与建后管护时,则无法采用上述方法计量潜在的交易费用的准确数量,只能根据个人不完备的工作经验和生活知识预估交易费用的主要类型与数量。此时交易费用产生的根本原因是行为人的有限理性和机会主义行为倾向(罗必良,2005),由此产生的交易费用主要依靠管护实施的激励和约束效用决定。其中:①管护实施的预期效应会对农民的参与行为产生刺激与促进作用。根据马斯洛需求层次理论,将当前管护实施的激励分为情感和归属的需要、尊重的需要、自我实现的需要等不同层次上的类型。②管护实施的效用可以抑制农民的机会主义行为。借鉴农村社会资本理论,如果农民没有参与农地整理项目建后管护,可能会对其在农村社区中的社会互动、社会信任、社会网络等资源方面产生消极后果。

二、数据来源

邓州市位于国家粮食核心主产区,现为河南省直管县级市。南水北调中线工程邓州段全长 38 千米,共穿越境内 5 个乡镇。为了支持南水北调中线工程建设,邓州市分三次接纳淅川县库区 4.6 万余移民,为南水北调中线工程做出了巨大的贡献,保障了工程建设的顺利进行。近年来,为服务南水北调中线工程,邓州市陆续开展南水北调移民安置点土地整理项目、南水北调渠首及沿线土地整治重大项目等系列农地整理项目,取得了良好的社会效益和生态效益。在农地整理项目建后管护方面,邓州市以政府公文的形式明确管护主体、管护职责等制度要素,并要求对管护机构、管护制度、管护成效等开展定期检查,确保邓州市农地整理项目建后管护工作健康、有序、持久发展。

邓州市农地整理项目建后管护公众参与的实现为研究农民参与意愿和参与行为问题提供了适宜的研究区域。本节以邓州市文渠乡、张楼乡、白牛乡、裴营乡和夏集乡 5 个乡作为调查区域,组织华中农业大学公共管理学院研究人员对上述 5 个乡进行了田野调查。调研于 2015 年 1 月 9~13 日进行,最终获得问卷数 240 份,其中,有效样本数 236 份,问卷有效率为 98.33%。

本节的有效样本分布为:文渠乡 46 份、张楼乡 47 份、白牛乡 50 份、裴营乡 45 份、夏集乡 48 份;受访农民中男性占 60.59%,教育背景为小学及以下的占 62.71%,自身健康程度评价良好的占 69.90%;受访农民平均年龄为 52.5 岁,年均农业劳动时间为 3.98 个月,户均经营耕地面积为 10.1 亩,户均年总收入为 20 126 元,户均年农业收入为 6673 元。

按照最大隶属度原则，受访农民对农地整理项目中田块平整、灌溉设施、排水设施、机耕道、人行道、防护林、村庄内部设施建后管护的满意度分别是非常满意（占40.7%）、比较满意（占45.3%）、一般（占51.3%）、比较满意（占54.7%）、比较满意（占40.7%）、一般（占90.7%）、一般（占44.5%），总体满意度较高。表3.7显示，在农民参与方面，有194人表示愿意参与农地整理项目建后管护，但在这部分农民中仅有18人实际参与过建后管护工作，占有参与意愿农民的9.3%，占全体受调查农民的7.6%。

表3.7 农民参与意愿和参与行为特征

分类项目	样本数/份	比例
是否愿意参与管护		
不愿意	42	17.8%
愿意	194	82.2%
是否参与管护		
没有参与	176	90.7%
参与	18	9.3%

三、模型与变量

（一）参与意愿模型

根据计划行为理论，农地整理项目建后管护的农民参与意愿受三方面因素的影响：行为态度、主观规范及知觉控制。行为态度类因素体现农民对农地整理项目建后管护的主观态度和行为认知，采用变量 Att_1、Att_2 分别表示农民关于农地整理项目建后管护对农业生产、村庄治理及发展的促进程度的评估；主观规范类因素体现农民对农地整理项目建后管护的自我规范程度，采用变量 Nor_1、Nor_2 分别表示农民主观意识上对从众行为、村干部组织管理行为的接纳和遵从程度；知觉控制类因素体现农民对农地整理项目建后管护的技能要求的控制能力，采用变量 Con_1、Con_2、Con_3 分别表示农民对自身既有劳动技能、身体状况、闲暇时间能否胜任或满足管护工作的理性评估。采用二元Logistic回归模型对农地整理项目建后管护农民参与意愿开展影响因素分析，即建立如下回归方程：

$$\ln\left(\pi_{will}/(1-\pi_{will})\right) = b + \sum_{i=1}^{2}\alpha_i Att_i + \sum_{i=1}^{2}\beta_i Nor_i + \sum_{i=1}^{3}\gamma_i Con_i + \varepsilon \quad (3.5)$$

式中，π_{will} 表示被解释变量农民参与意愿 Y_{will} 的水平概率；b 表示常数项；Att、

Nor、Con 分别表示行为态度、主观规范及知觉控制类解释变量；α、β、γ 分别表示对应影响因素的回归系数；ε 表示随机扰动项。

（二）参与行为模型

根据构建的研究框架，农地整理项目建后管护的农民参与意愿向参与行为转化时，行为决策不仅受行为态度、主观规范、知觉控制的影响，还受到交易费用的制约。农民参与农地整理项目建后管护的交易费用可分为交易契约签订前的费用和交易契约签订后的费用，交易契约签订前的费用包括获得有关管护信息的费用 $Cost_1$、通知与召集村民的费用 $Cost_2$、协商确定管护任务与措施的费用 $Cost_3$；交易契约签订后的费用包括组织开展设施维护与修复的费用 $Cost_4$、管护行为的监督费用 $Cost_5$。本节构建描述农地整理项目建后管护农民参与行为的二元 Logistic 回归模型：

$$\ln(\psi_{beh}/(1-\psi_{beh})) = b + \sum_{i=1}^{2}\alpha_i \text{Att}_t + \sum_{i=1}^{2}\beta_i \text{Nor}_t + \sum_{i=1}^{2}\gamma_i \text{Con}_t + \sum_{i=1}^{5}\theta_i \text{Cost}_t + \varepsilon \quad (3.6)$$

式中，ψ_{beh} 表示被解释变量农民参与行为 Y_{beh} 的水平概率；Cost 表示参与过程中的交易费用；θ 表示交易费用的回归系数。各项交易费用的变量含义及赋值见表 3.8。

表 3.8　农民参与意愿和参与行为模型变量表

变量	定义	最小值	最大值	均值	标准差
被解释变量					
参与意愿（Y_{will}）	愿意=1，不愿意=2	1	2	1.18	0.383
参与行为（Y_{beh}）	参与=1，没有参与=2	1	2	1.92	0.273
解释变量					
1. 行为态度类变量					
农业生产（Att_1）	参与管护有利于农业生产	2	5	4.49	0.615
村庄治理（Att_2）	参与管护有利于村庄治理和发展	2	5	3.92	0.648
2. 主观规范类变量					
从众倾向（Nor_1）	参与行为受其他村民参与行为的影响程度	2	5	3.98	0.880
干部组织（Nor_2）	参与行为受村干部组织号召的影响程度	2	5	3.78	0.842
3. 知觉控制类变量					
劳动技能（Con_1）	劳动技能符合管护要求的程度	1	5	3.16	0.931
身体状况（Con_2）	身体状况胜任管护劳动的程度	1	5	3.14	1.038

续表

变量	定义	最小值	最大值	均值	标准差
闲暇时间（Con_3）	闲暇时间与管护劳动时间一致程度	1	5	3.27	0.820
4. 交易费用类变量					
获取信息（$Cost_1$）	获取有关文件精神和公开信息的难易程度	1	5	4.03	0.853
召集村民（$Cost_2$）	通知与召集村民代表开展协商会议的难易程度	1	5	2.95	0.888
协商任务（$Cost_3$）	确定管护任务、落实管护措施、协商人力财力来源的难易程度	2	5	3.27	0.703
组织修复（$Cost_4$）	组织开展设施维护与修复的难易程度	1	5	2.74	0.818
组织监督（$Cost_5$）	组织开展监督的难易程度	1	5	3.33	0.809

注：行为态度类变量、主观规范类变量、知觉控制类变量的赋值规则是"1=完全不同意，2=不同意，3=一般，4=同意，5=完全同意"；交易费用类变量的赋值规则是"1=非常容易，2=比较容易，3=一般，4=比较困难，5=非常困难"

（三）交易费用影响模型

为进一步研究农民的参与意愿如何转化为参与行为，模型假设影响交易费用的激励类因素可分为增加所在社区的情感归属 Inc_1，提高其他村民的尊重与认可度 Inc_2，体现个人的能力与价值 Inc_3；约束类因素包含影响私人交情的可能 Res_1，降低社区居民信任度的可能 Res_2，引发社交孤立性的可能 Res_3。本节采用多元线性回归模型验证农民参与行为的激励与约束作用和交易费用之间是否存在显著相关关系。

$$\text{Cost}_r = b + \sum_{i=1}^{3}\mu_i \text{Inc}_i + \sum_{i=1}^{3}\tau_i \text{Res}_i + \varepsilon \quad r = 1,2,\cdots,5 \quad (3.7)$$

式中，$Cost_r$ 表示第 r 个交易费用的数量；Inc 表示影响交易费用的激励类因素；Res 表示影响交易费用的约束类因素；μ 和 τ 表示相应影响因素的回归系数。变量的具体含义及赋值见表 3.9。

表 3.9 交易费用影响模型变量表

变量	定义	最小值	最大值	均值	标准差
1. 激励因素类变量					
情感归属（Inc_1）	有益于扩大人际交往、增强对所在社区的情感归属	1	5	3.13	0.675
他人尊重（Inc_2）	有益于获得他人的尊重与认可	2	5	3.15	0.553
个人价值（Inc_3）	有益于体现个人的能力和价值	1	5	3.01	0.690

第三章 农地整理项目建后管护的农民参与研究 · 55 ·

续表

变量	定义	最小值	最大值	均值	标准差
2. 约束因素类变量					
影响交情（Res_1）	影响和亲朋好友的私人关系的可能	1	5	2.69	0.716
降低信任（Res_2）	降低他人对自己的信任和好感的可能	1	5	2.85	0.696
社交孤立（Res_3）	造成在村里被他人孤立的可能	1	5	2.80	0.697

注：上述变量的赋值规则是"1=完全不同意，2=不同意，3=一般，4=同意，5=完全同意"

四、结果分析

本节借助 IBM SPSS 19 软件中的二元 Logistic 回归分析模块对农民的参与意愿模型和参与行为模型进行计量分析，变量进入模型的方法选择"向前（条件）"，设定变量引入的依据是统计量通过 10%统计水平的显著性检验。模型计量结果如表 3.10 所示。

表 3.10 农民参与意愿和参与行为模型计量结果

变量类型	变量名称	参与意愿模型 N=236			参与行为模型 N=194		
		系数	显著度值	优势比	系数	显著度值	优势比
常数项	b	1.575	0.044**	4.831			
主观规范类	Nor_1				−0.635	0.062*	0.530
知觉控制类	Con_2	−0.327	0.100*	0.721			
知觉控制类	Con_3	−0.695	0.009***	0.499			
交易费用类	$Cost_5$				0.670	0.036**	1.954
−2 倍对数似然值		203.113			110.886		
Hosmer-Lemeshow 检验		sig.=0.300>0.1			sig.=0.122>0.1		
模型 χ^2		17.922			8.980		
模型预测率		82.2%			90.7%		

*、**、***分别表示在 10%、5%、1%的统计水平上显著

从表 3.10 中的研究结果可以得到如下结论。

（1）参与意愿模型中，知觉控制类是影响农民参与意愿的显著因素；代表农民身体状况的变量 Con_2 在 10%的显著性水平下对农民参与意愿影响显著，代表农民闲暇时间的变量 Con_3 在 1%的显著性水平下产生显著影响。其他类型的变量最终未能进入模型，说明实证区域农民在农地整理项目建后管护参与意愿决策过程中，最为关心的是个体特征能否满足管护的基本要求，重点关注的是劳动时间是否冲突和身体状况是否符合管护劳动的强度要求。意愿决策过程中较少考虑管护工

作的主观认知及行为规范。根据计量结果,变量 Con_2、Con_3 的优势比均小于 1,即当农民对参与管护劳动的时间充裕度的评价和身体胜任管护劳动程度的评价提高一个单位,选择不愿意参与的概率减小到原来的 0.721 倍和 0.499 倍(即愿意参与的概率增加)。

(2)参与行为模型中,主观规范类、交易费用类是影响农民参与行为决策的显著因素。代表从众倾向的变量 Nor_1 在 10%的显著性水平下对农民参与行为的选择影响显著,代表组织监督的变量 $Cost_5$ 在 5%的显著性水平下对农民参与行为的实施存在显著影响。参与行为模型中不包括其他类型的变量,说明实证区域农民在参与管护行为决策时考虑的重要因素是与社区其他人保持一致及能否对其他人的管护行为进行有效监督,较少考虑行为态度类和知觉控制类要素。模型分析结果显示,变量 Nor_1 的优势比小于 1,说明农民对从众行为的认可程度提高一个单位,不参与建后管护的概率减小到原来的 0.530 倍(即参与管护的概率增加);变量 $Cost_5$ 的优势比大于 1,反映建后管护中开展监督的难度增加一个单位,农民不参与管护行为的概率将增加 1.954 倍。

(3)在农民的参与意愿模型和参与行为模型中,主观规范类、知觉控制类变量在不同程度上影响和控制意愿与行为的决策,与计划行为理论的基本假设保持一致。理性行为人在意愿—行为转化过程中考虑重点从知觉控制转移到主观规范上来,弱化自身技能及禀赋特征,强调社会习俗的规范效用。同时,交易费用类变量在参与行为模型中也显示出显著性,验证了"交易费用阻滞交易发生"这一重要假设,即农民会在预估交易费用数量的基础上决策是否进入交易。相对于获取政策文件信息、召集村民代表会议协商等交易契约签订以前的费用及组织开展具体管护事务,对管护工作的监督费用是农民参与意愿向参与行为转化中影响最大的关键变量,一旦无法对参与人员的管护行为开展有效监督,就无法有效杜绝"搭便车"现象,交易失败的概率将大大增加。

进一步地,将显著变量组织监督费用 $Cost_5$ 作为被解释变量,运用多元线性回归模型分析交易费用的影响机理。研究对象取具有管护参与意愿的 194 个受访农民,变量进入模型的方法选择逐步进入,变量保留的标准是显著性水平 5%。分析结果如表 3.11 所示。

表 3.11 交易费用(组织监督费用)影响机理分析结果

变量类型	变量	系数	标准化系数	t 值	显著度值	膨胀因子
常数项	b	2.705		7.478	0.000***	
激励因素类	Inc_1	0.215	0.192	2.287	0.023**	1.400
约束因素类	Res_1	0.191	0.180	2.065	0.040**	1.519

、*分别表示在 5%、1%的统计水平上显著

多元线性回归模型 F 值为 2.057，模型整体显著度为 0.060，说明模型拟合结果比较合理。表 3.11 中计量结果表明交易费用的数量与管护行为的激励和约束因素存在显著的相关关系：参加管护后对所在社区的情感归属（Inc_1）增加会对农民的行为选择产生激励作用，而拒绝参与管护将降低村民私人交情（Res_1）的可能性也会对农民的行为选择产生约束作用。上述激励和约束作用与监督难度呈现正向相关关系（标准化系数分别为 0.192 和 0.180，均大于 0），即农民一旦认为参加管护能够强化情感归属或提升私人交情，则会促成机会主义行为、增加开展监督的难度。访谈过程发现，在以熟人社会为基本特征的农村社区，农地整理项目建后管护是一类在村委会组织下的缺乏正式制度保障的集体行动。管护制度的缺失致使农民在行为决策时遵循传统风俗和社会习惯等非正式制度，理性地倾向于扩展社会网络或提升社会信任等社会资本，无法开展对其他社区成员的严格监督，增加了交易费用的数量。此外，两个显著性变量 Inc_1、Res_1 在回归方程中的膨胀因子分别为 1.400 和 1.519（小于 5），没有出现共线性；激励因素变量 Inc_1 对监督难度的影响显著度（显著度值=0.023）略强于约束因素变量 Res_1（显著度值=0.040），说明非正式制度的激励效用比约束效用更加明显，应该引起管理人员的重视。

五、结论与建议

针对农地整理项目建后管护农民参与意愿和参与行为之间的客观差异，本节依据计划行为理论建立了参与意愿模型分析其主要影响因素，在此基础上引入制度经济学领域的"交易"概念，构建改进的计划行为模型，阐述农民参与行为的决策过程，并尝试从激励和约束两个层面解释交易费用的影响机理。以河南省邓州市文渠乡、张楼乡、白牛乡、裴营乡和夏集乡 5 个乡为研究区域，运用田野调查得到的 236 份有效问卷开始实证研究，得到主要研究结论如下。

（1）计划行为理论对农地整理项目建后管护农民参与意愿和参与行为均具有较强的解释能力。在计划行为理论分析框架下，行为态度、主观规范、知觉控制要素直接作用于理性行为人的行为意愿并直接引发行为实施。实证结果显示，农民对农地整理项目建后管护的参与意愿受到知觉控制的显著影响（包括对闲暇时间和身体状况的评估），参与行为则主要受到主观规范的显著影响（从众行为的程度）。行为态度类变量在两个模型中均未表现出显著性。

（2）交易费用是提高交易成本，甚至是导致交易失败的重要因素。借鉴交易的含义将农民实施管护行为视作交易的发生，从受访农户视角分析交易费用的构成，并计量交易费用对农民参与意愿向参与行为转化的重要性。研究发现，对其他农民管护行为的监督难度是影响交易成功的显著性因素。实证结果验证了交易费用理论的基本假设。

（3）在交易发生之前，农民通过个人的经验预估交易费用的类型及数量，其过程受到管护实施的激励因素和约束因素的影响。邓州市的研究结果表明，对管护行为的监督难度与促进情感归属、降低私人交情的预期结果密切相关。考虑到熟人社会的形态特征，理性农民往往选择遵循既有的社会风俗和惯例，极力规避可能损失社会资本的个体行为。

通过上述结论本节可以得到如下启示。

（1）农地整理项目建后管护成为维持建成农业基础设施正常运行、推动实施区域农业生产可持续发展的必然要求。日常管护工作涉及区域广阔、任务繁重，是一类在乡村精英领导下的集体行动，这不仅要求利益相关的农民具有积极参与意愿，还必须有切实的参与行为才能提高参与效率和管护绩效。相对于农地整理项目建后管护的行为态度和知觉控制，农民参与行为的主观规范显得更为重要：传统农村村民的从众倾向可以有效促进参与行为的转化与实现。管护实施人员可以利用此特征广泛发动村里的老党员、老教师、老干部及农业大户等精英人物，利用他们在政治、文化、教育、经济、资源等方面的优势，发挥他们的个人能力和社会影响力，带动更多的社区成员参与到管护工作中来。

（2）邓州市农地整理项目建后管护工作具有一定的典型意义。尽管市政府关于管护的工作制度较为健全，作为具体管护责任人的村级集体组织缺乏正式的规章制度，仍依靠传统惯例推动管护工作的完成。这与当下农村公共事务治理的模式基本保持一致：正式制度缺位、非正式制度成为制度构成的主体，提高了农地整理项目建后管护实施的交易费用。本节建议乡镇基层政府引导、帮助村集体制定农地整理项目建后管护的契约，强化正式制度的激励与约束效用，降低交易成本及交易费用，实现管护前的信息公布、召集会议、任务协商及管护实施中的巡查、劝阻、调解、维修、监督等环节程序化和制度化，促进更多具有管护参与意愿的农民切实参与到管护行为中来。

第四章　农地整理项目建后管护的绩效差异研究

第一节　研究区域与数据来源

一、研究区域

当前农地整理项目建后管护模式多样，要逐一研究与测度需要花费大量的时间和精力。受时间和精力的限制，选取以集体管护模式为主的河南省邓州市农地整理项目区和以农民联户管护模式为主的广西壮族自治区龙州县农地整理项目区为研究区域，通过收集典型区域的样本数据并进行相应的分析，研究传统管护模式与创新管护模式的绩效差异。

近年来，为服务南水北调中线工程，邓州市陆续实施南水北调移民安置点土地整治项目、南水北调渠首及沿线土地整治重大项目，取得了良好的社会、经济和生态效益。为规范农地整理项目建后管护工作，邓州市制定了较为完善的农地整理项目建后管护管理办法，规定各乡镇政府和相关部门应成立项目建后管护领导小组，乡镇长和部门负责人为第一责任人，负责建后管护的领导协调工作，制定相应的工程管护制度，定期进行检查监督；各行政村成立以村民委员会主任为组长的管护机构，制定具体的管护章程和奖罚措施，分工程种类定岗定责落实到人。

龙州县地处广西壮族自治区崇左市，甘蔗种植面积占耕地总面积的78%。近年来龙州县实施"小块并大块"的耕地整理模式，在保留原有耕地面积不变的前提下，由农民或农村基层组织将本村土地进行归并平整，相应调整土地承包经营权，并开展小型农田水利、田间道路及相关配套工程建设，以提高农地整理项目区域内耕地质量和土地利用效率。龙州县农地整理项目建后管护模式主要为农民联户管护模式，由屯内2个或2个以上农户联合起来进行"并地"，共同使用和管护相关配套工程设施。当工程设施发生损毁时，由联户农户投劳进行维修，材料费用由联户农户自筹。

二、数据来源

本节随机选择了邓州市文渠乡、张楼乡、白牛乡、裴营乡、夏集乡5个乡和龙州县上龙乡、彬桥乡、武德乡、龙州镇、水口镇5个乡镇，每个乡镇随机选择

3~4个已实施农地整理项目的行政村作为调查区域。课题组分别于2015年1月9~13日、2015年10月21~28日、2015年11月7~10日组织华中农业大学的研究生和本科生对上述10个乡镇的36个行政村进行入户访谈式问卷调查。最终获得问卷数590份，其中有效问卷581份，问卷有效率为98.47%。邓州市和龙州县的有效问卷数分别为287份、294份，邓州市和龙州县的有效问卷中村干部问卷数量分别为51份、44份。样本空间分布情况见表4.1。

表4.1 样本空间分布情况

建后管护模式	调查区域	调研村庄数/个	有效样本数/份	比例
河南省邓州市集体管护模式	文渠乡	4	56	9.64%
	白牛乡	4	60	10.33%
	张楼乡	4	57	9.81%
	夏集乡	4	58	9.98%
	裴营乡	4	56	9.64%
	小计	20	287	49.40%
	其中村干部问卷数量		51	
广西壮族自治区龙州县农民联户管护模式	上龙乡	4	76	13.08%
	彬桥乡	2	29	4.99%
	武德乡	4	75	12.91%
	水口镇	3	62	10.67%
	龙州镇	3	52	8.95%
	小计	16	294	50.60%
	其中村干部问卷数量		44	
总计		36	581	100.00%

本章研究中农地整理项目建后管护的主要受益者是农户，因此，农户是本次问卷调查的主体，经调研数据总结分析，农户样本基本特征见表4.2。

表4.2 农户样本基本特征

变量	分类准则	样本数/份	比例
性别	男	411	70.74%
	女	170	29.26%
年龄	≤30岁	49	8.43%

续表

变量	分类准则	样本数/份	比例
年龄	31～40 岁	124	21.34%
	41～50 岁	163	28.06%
	51～60 岁	156	26.85%
	>60 岁	89	15.32%
受教育程度	小学及以下	250	43.03%
	初中	266	45.78%
	高中	54	9.29%
	大专及以上	11	1.89%
社会资本	村干部	95	16.35%
	非村干部	486	83.65%
	党员	73	12.56%
	非党员	508	87.44%
家庭总收入	≤10 000 元	121	20.83%
	10 001～40 000 元	307	52.84%
	40 001～70 000 元	110	18.93%
	>70 000 元	43	7.40%
农业收入比	≤30%	173	29.78%
	31%～60%	100	17.21%
	>60%	308	53.01%
实际经营的耕地面积	≤10 亩	369	63.51%
	11～20 亩	157	27.02%
	21～30 亩	37	6.37%
	31～40 亩	7	1.20%
	41～50 亩	5	0.86%
	>50 亩	6	1.03%

注：本表的数据未经修约，可能存在比例合计不等于100%的情况

由表 4.2 中结果可知，男性受访者占到了样本总体的七成以上，这是由于农村女性对项目区的情况了解程度有限，且农村的户主一般为男性，研究区域内男性对农地整理项目建后管护情况的了解更多，且更具有代表性。受访农户大多数年龄在 40 岁以上，其比例为 70.23%，这类农户作为主要劳动力，对涉及农业生

产活动的农地整理项目建后管护情况的了解更为直观和深入。受访农户的受教育程度普遍较低，大部分为小学及以下和初中，其占样本总体的比例分别为 43.03%和 45.78%。在样本总体中，村干部和党员的比例分别为 16.35%和 12.56%，这类受访者是农地整理项目建后管护工作中参与程度较高的。受访农户家庭总收入大部分在 4 万元及以下，只有 26.33%的受访者家庭总收入超过了 4 万元，这表明受访者的收入水平较为平均。在受访农户中，农业收入比超过了 60%的占五成以上，这说明在研究区域内农户的兼业比例较大。受访地区农户实际经营的耕地面积大部分在 10 亩及以下，用于维持家庭基本生产生活，土壤肥沃，机械化耕作方便，无抛荒现象。

在调查中，设计了如下三个问题来衡量农民对农地整理项目建后管护的认知情况：您对农地整理项目建后管护制度的了解程度；您认为农地整理项目建后管护工作的重要性；您对现行农地整理项目建后管护组织模式的认可程度。问题采用李克特五点量表的形式，用 1~5 表示程度的递增。通过整理，本章得到两种不同管护模式的农民对农地整理项目建后管护的认知情况（表 4.3）。

表 4.3　农民对农地整理项目建后管护的认知

建后管护模式	对管护制度的了解程度	认为管护工作的重要性程度	对现行管护组织模式的认可程度
河南省邓州市集体管护模式	3.078	4.216	3.137
广西壮族自治区龙州县农民联户管护模式	3.659	4.591	3.477

注：表中数据为两种模式区的区域平均值

由表 4.3 可知，在河南省邓州市集体管护模式下，农民对管护制度的了解程度平均值为 3.078，认为管护工作的重要性程度的平均值为 4.216，对现行管护组织模式的认可程度的平均值为 3.137；而在广西壮族自治区龙州县农民联户管护模式下，农民对管护制度的了解程度平均值为 3.659，认为管护工作的重要性程度的平均值为 4.591，对现行管护组织模式的认可程度的平均值为 3.477。由各衡量指标的平均值可知，研究区域内农民对农地整理项目建后管护的认知情况总体较好，对管护制度均有一定的了解，并认可了现行的管护组织模式，且明晰管护工作的重要性。比较两种建后管护模式可知，广西壮族自治区龙州县农民联户管护模式下农民对农地整理项目建后管护的认知程度要高于河南省邓州市集体管护模式下的农民认知情况。

在河南省邓州市的 287 份资料中，实际参与到农地整理项目建后管护工作的农户数量为 66 人，其比例为 23.00%；在广西壮族自治区龙州县，有 83 份数据显示受访者实际参与到了农地整理项目建后管护工作中,在 294 份资料中占 28.23%(表 4.4)。由此可知,研究区域内农民参与农地整理项目建后管护的比例均不太高。对于广西壮族自治区龙州县农民联户管护模式,理论上来说其农户参与率应该很高,因在设计问卷时对"农民参与农地整理项目建后管护工作"的界定不够细化,实际调研时出现了部分农户因外出打工,只承担了一部分管护费用,没有实际参与管护劳动,因而未被计入实际参与建后管护工作的范围中来,致使广西壮族自治区龙州县农民联户管护模式的农民参与率偏低。比较两种建后管护模式的情况,广西壮族自治区龙州县农民联户管护模式下农民参与率略高于河南省邓州市集体管护模式下的农民参与率。

表 4.4 农民参与农地整理项目建后管护的情况

建后管护模式	实际参与建后管护工作的农户数量/人	样本总数/份	比例
河南省邓州市集体管护模式	66	287	23.00%
广西壮族自治区龙州县农民联户管护模式	83	294	28.23%

第二节 建后管护绩效评价

一、绩效评价指标

结合农地整理项目建后管护的特征,从投入产出、设施运行、管护流程、可持续性层面构建农地整理项目建后管护绩效评价指标体系。

(1)投入产出。其目标是解决农地整理项目建后管护是否增加农户收入的问题,衡量指标主要涉及投入和产出两方面,即管护资金投入充足程度、管护劳力投入充足程度、农业生产成本降低程度、粮食产量增加程度等。

(2)设施运行。其目标是解决农户怎样评价农地整理项目工程设施运行效果的问题。农地整理项目建后管护的对象就是农地整理项目工程设施,即土地平整、灌溉排水、田间道路、农田防护和村庄整治五大工程设施。顾客层面的指标主要包括农户对田块平整工程的结构完好性及功能发挥的满意程度(田块是否平整,田块表层土是否被挖损和压占,田面是否能正常种植粮食作物),农户对田埂修筑工程的结构完好性及功能发挥的满意程度(田埂与田坎是否被挖损或破坏,田埂与田坎是否能正常行走及保水保肥),农户对塘堰、灌溉泵站、管道、机井等灌溉设施的结构完好性及功能发挥的满意程度(塘堰、灌溉泵站、管道、机井等灌溉设施是否被盗,是否淤积堵塞,是否破损,是否能正常运行并发挥功能),农户对排涝泵站、排水沟等排涝排水设施的结构完好性及功能发挥的满意程度(排涝泵站、排水沟等排涝排水设施是否被盗,是否淤积堵塞,是否破损,是否能正常运行并发挥功能)、农户对机耕道、机耕桥的结构完好性及功能发挥的满意程度(机耕道、机耕桥是否被挖损、压占,是否被损坏,能否正常通行并发挥功能),农户对人行道、人行桥的结构完好性及功能发挥的满意程度(人行道、人行桥是否被挖损、压占,是否被损坏,是否能正常通行并发挥功能),农户对村庄内部工程设施的结构完好性及功能发挥的满意程度[村庄内部道路、排水沟(管)、塘堰、晒场等工程设施是否被破坏,能否正常使用并发挥功能],农户对村庄内部环境的满意程度(村庄内部污水是否漫流,塘堰沟道是否发臭,垃圾是否到处乱堆,房前屋后是否杂乱无章),等等。

(3)管护流程。其目标是解决农地整理项目建后管护流程是否规范有效的问题,衡量指标主要包括项目建后管护的内部管护制度是否完善有效、外部监督制度是否完善有效、政策制度宣传是否到位、管护主体是否明确、管护人员是否明确、农民参与是否积极、管护对象是否明确、管护目标是否明确、巡查的及时性与有效性(对项目区进行巡查的频率是否合理,能否在第一时间发现工程设施存在的各种隐患)、劝阻的及时性与有效性(能否在第一时间对各类人为破坏工程设施的行为进行规劝和制止)、修复的及时性与有效性(能否对各类被损坏的工程设施进行及时修复,能否保证工程设施的结构完整性和功能正常性)、调处的及时性与有效性(是否能在第一时间调处各类纠纷,是否能有效修复关系并重新建立良好的秩序)等。

(4)可持续性。其目标是解决建后管护是否具有可持续性的问题,衡量指标主要包括组织结构完善程度(管护组织在实施建后管护过程中不断完善组织构建的程度)、管护制度改进程度(管护组织在实施建后管护过程中不断改进管护制度的程度)、参与意识提升程度(农民参与农地整理项目建后管护的意识是否得到提升)、管护技能提升程度(农民的管护技能是否得到提升)等。

二、绩效评价结果

本章比较了实证区域各乡镇的农地整理项目建后管护绩效,结果表明,广西壮族自治区龙州县农民联户管护模式的绩效(0.984)高于河南省邓州市集体管护模式的绩效(0.968)。具体而言,各乡镇均有三个层面的绩效得分与综合绩效得分趋势一致,即各层面绩效得分较高的乡镇,其综合绩效得分也较高。其中,与综合绩效得分趋势不一致的是顾客层面的绩效得分,这可能是因为相比广西壮族自治区龙州县而言,河南省邓州市农业生产遭受自然灾害的威胁更大,农民对农地整理项目所建成的工程设施的满意度较高。管护制度与流程层面在综合绩效得分中的比重超过50%,且财务层面、顾客层面、学习与成长层面在综合绩效得分中所占的比重相差不大,虽然顾客层面的绩效得分与综合绩效得分趋势相反,但并不影响各乡镇综合绩效得分的排名。其中，广西壮族自治区龙州县上龙乡、彬桥乡、武德乡、水口镇和龙州镇的综合绩效得分排名分别为 5、1、4、3、2，河南省邓州市文渠乡、白牛乡、张楼乡、夏集乡和裴营乡的综合绩效得分排名分别为 6、7、8、10、8（张楼乡和裴营乡综合得分相等）。

第三节 建后管护绩效差异

一、理论分析方法

交易费用是新制度经济学的核心概念。科斯1937年在其发表的论文《企业的性质》中首次提出了"交易费用"的思想，他认为交易活动是稀缺的，使用市场价格机制是有代价的，而这个代价就是交易费用。继科斯提出交易费用概念之后，许多经济学家对交易费用理论进行了深入研究。张五常（2008）认为，交易费用是衡量一个组织或制度运行效率高低的重要标志。制度对交易费用起着决定性作用，其有可能降低交易费用，也有可能提高交易费用，并对经济绩效产生影响（诺思，2008）。为了区分不同的交易和影响交易成本的因素，威廉姆森（2001）提出用交易的三个维度来衡量交易费用的大小，即资产专用性、不确定性和交易频率，其规律一般表现为：资产专用性程度较低、不确定性较小、交易频率较低的交易，交易费用较小；资产专用性程度较高、不确定性较大、交易频率较高的交易，交易费用较大。本章据此来分析不同管护模式下农地整理项目建后管护绩效差异的原因。

（一）资产专用性

专用性资产是为支撑某种交易而进行的耐久性投资，一旦作为生产性资产的一种存在形态投资于某一领域，其就会被锁定在一种特定形态上，若改作他用则价值会降低，甚至可能变成毫无价值的资产（威廉姆森，2001）。上官彩霞等（2014）从交易费用视角分析宅基地置换模式的区域差异及其原因时认为，资产专用性主要依据其对周边环境因素的依赖程度。在农地整理项目建后管护中，对资产专用性大小的考察主要依据农户对农地及相关工程设施的依赖程度；依赖程度越大，交易费用也相应越大，农户离开农地和当前的工程设施环境所造成的收益损失就越大。在农地整理项目建后管护中，资产专用性可分为实物资产专用性、地理位置专用性、人力资本专用性三类。

（1）实物资产专用性。参照已有文献（李孔岳，2009；罗必良和李尚蒲，2010；钟文晶和罗必良，2014）的成果，选择户均实际耕地面积、耕地质量、农业生产的机械化程度三个指标来反映实物资产专用性程度。农地整理项目竣工后,一方面增加了耕地面积,提高了耕地质量;另一方面也为农业机械化提供了更为便利的条件。对农户而言,当耕地面积较大、耕地质量较高、农业生产的机械化程度较高时,则其对农地及相关工程设施的依赖程度也较高,更倾向于从事农业生产,如果离开拥有的农地及建成的工程设施,会造成较大的损失,即实物资产专用性程度较高,交易费用也较高,管护绩效则较低;当耕地面积较小、耕地质量较差、农业生产的机械化程度较低时,农户对农地及相关工程设施的依赖程度也较低,甚至可能放弃从事农业生产转而从事非农工作,此时实物资产专用性程度较低,交易费用也相应较小,管护绩效则较高。

(2)地理位置专用性。选取村庄离中心镇的平均距离来衡量地理位置专用性程度。农地整理项目工程设施及农地的位置相对固定,其所在村庄离中心镇的距离较远,该村庄内的工程设施出现损毁时用其他设施来替代的可能性较小,寻求专业施工队所需的时间也会更长,则其地理位置专用性程度较高,农地整理项目建后管护过程中产生的交易费用较大,管护绩效则较低;反之,则反。

(3)人力资本专用性。选取村干部平均年龄、村干部平均受教育程度、村干部中党员的比例作为指标来衡量人力资本专用性。年龄较高者由于身体和技术等方面的原因,会更倾向于耕种农地,更依赖农地及相关工程设施。村干部受教育程度较高且为党员时,对村内事物的责任意识较强,觉悟较高,更倾向于做好建后管护工作,即村干部平均年龄较高、村干部平均受教育程度较高、村干部中党员的比例较大时,人力资本专用性程度较高,交易费用较大,管护绩效则较低;反之,则反。

(二)不确定性

交易的不确定性是指与交易有关的各种内部和外部条件的不确定性,它和有限理性紧密联系,两者互为因果。威廉姆森(2001)指出了两种形式的不确定性:一是环境的不可预见性,即由于环境变化的方式无法预测,拟定和实施所依存的契约变得复杂;二是行为的不确定性,如缺乏交流引起交易一方缺少信息产生不确定性。不确定性越大,交易费用越大。

农地整理项目建后管护工作中环境的不可预见性主要与项目区内农地整理项目建后管护的政策制度有关,而行为的不确定性主要受到村干部对农地整理项目建后管护的了解程度、认知程度和认可程度的影响,以及与有关部门的信息沟通情况有关。据此,选取了当地建后管护政策制度健全程度、村干部对农地整理项目建后管护制度的了解程度、村干部感知的农地整理项目建后管护工作的重要性程度、村干部对现行管护组织模式的认可程度、村干部为咨询相关政策信息打电话的平均次数五个指标来衡量不确定性。第一项表示环境的不可预见性，后面四项表示村干部行为的不确定性。当项目区农地整理项目建后管护政策制度健全程度较低，且村干部对农地整理项目建后管护制度的了解程度较低、村干部认为农地整理项目建后管护工作的重要性较低、村干部对现行管护组织模式的认可程度较低、村干部为咨询相关政策信息打电话的平均次数较少时，表明环境的不可预见性较大。而村干部了解相关信息较少，认知和认可程度较低，且通过电话途径为减少信息不对称所做的努力也较少，对建后管护工作的全局把握不足，行为的不确定性较大，交易费用较大，管护绩效则较低；反之，则反。

（三）交易频率

交易频率是指交易发生的次数，影响交易方式下的相对交易费用。由于任何交易的合约安排都是要花费成本的，如果交易的频率足够高，较高的合约安排成本就可以通过分摊而降低单次的交易费用（汤喆，2006；罗必良等，2007）。

农地整理项目建后管护的交易频率是指管护行为发生的次数，具体是指项目区进行巡查的次数、劝阻破坏行为的次数、进行纠纷调处的次数和组织维修的次数。次数越多，交易频率越高，分摊到多次管护行为的交易费用越小，管护绩效则越高；反之，则反。

二、描述性分析

本章将从农地整理项目建后管护的资产专用性、不确定性和交易频率三个方面，描述河南省邓州市和广西壮族自治区龙州县两种不同管护模式区各项评价指标的差异（表 4.5），以此分析引起农地整理项目建后管护模式绩效差异的原因。

表 4.5　资产专用性、不确定性和交易频率对农地整理项目建后管护模式绩效的影响

交易属性		指标	农地整理项目建后管护模式	
			河南省邓州市集体管护模式	广西壮族自治区龙州县农民联户管护模式
资产专用性	实物资产专用性	户均实际耕地面积/亩	20.72	12.73
		耕地质量	4.14	3.70
		农业生产的机械化程度	100.00%	65.25%
	地理位置专用性	村庄离中心镇的平均距离/千米	10.28	5.54
	人力资本专用性	村干部平均年龄/岁	55.49	43.86
		村干部平均受教育程度	2.08	1.83
		村干部中党员的比例	52.94%	50.00%

续表

交易属性	指标	农地整理项目建后管护模式	
		河南省邓州市集体管护模式	广西壮族自治区龙州县农民联户管护模式
不确定性	当地建后管护政策制度健全程度	3.04	3.16
	村干部对农地整理项目建后管护制度的了解程度	3.08	3.66
	村干部感知的农地整理项目建后管护工作的重要性程度	4.22	4.59
	村干部对现行管护组织模式的认可程度	3.14	3.48
	村干部为咨询相关政策信息打电话的平均次数/次	4.92	8.50
交易频率	进行巡查的次数/（次/年）	11.00	12.24
	劝阻破坏行为的次数/（次/年）	0.08	2.14
	进行纠纷调处的次数/（次/年）	0.18	1.48
	组织维修的次数/（次/年）	1.71	2.82

注：①表中资料来源于对 2 个研究区域 10 个乡镇实地调研的村干部问卷，表中指标值为每种模式的均值；②耕地质量等级分 5 级，1～5 分别表示耕地质量等级从低到高；农业生产的机械化程度=农户家庭耕地能采用机械化耕地的面积÷农户家庭实际耕种的耕地面积；村庄离中心镇的距离是指村委会到乡镇政府的距离；在村干部受教育程度中，1=小学及以下，2=初中，3=高中，4=大专，5=大专以上；不确定性中前四项指标均由李克特五点量表度量，1～5 分别表示程度从非常低到非常高

（一）资产专用性的模式比较

1. 实物资产专用性

河南省邓州市土地肥沃、土层深厚、气候适宜，该地区为冲积平原，优越的自然环境为农业生产活动奠定了基础。邓州市户均实际耕地面积为 20.72 亩，耕地质量为 4.14，农业生产已经实现全机械化（100%）。由此可知，邓州市户均实际耕地面积较大，耕地质量较高，农业生产的机械化程度较高，则农户对农地及工程设施的依赖程度较高，即实物资产专用性程度较高，相应的交易费用也较大。

广西壮族自治区龙州县气候温和、雨量充沛、光照充足，其地形以龙州盆地著称，一般海拔约 200 米，土地整体较为平整，略有起伏，细碎化程度较高，尽管通过"小块并大块"耕地整理解决了一部分问题，但仍存在地块面积小且分散的现象。该地区农业生产的便利程度相对较低，户均实际耕地面积相对较少（12.73 亩），耕地质量较低（3.70），有的田块由于面积小、石块多等原因尚未实现机

械化，农业生产的机械化程度也较低（65.25%），对农地整理项目及其建成工程设施的依赖程度也较低，因此，实物资产专用性程度较低，交易费用较小。

2. 地理位置专用性

河南省邓州市村庄离中心镇的平均距离为 10.28 千米，远远高于广西壮族自治区龙州县村庄离中心镇的平均距离（5.54 千米）。河南省邓州市地处平原地区，地势平坦、地形开阔，村庄面积较大，所在村庄离中心镇的距离较远，该村庄内的工程设施出现损毁时用其他设施来替代的可能性较小，则其地理位置专用性程度较高，农地整理项目建后管护过程中产生的交易费用较大。

广西壮族自治区龙州县地形略有高低起伏，村庄大多依山而靠，村内道路通达度较高，离中心镇的平均距离较近，村内工程设施发生损毁时寻求专业施工队所需的时间能相应缩短，即地理位置专用性较低，相应地，交易费用也较小。

3. 人力资本专用性

河南省邓州市村干部平均年龄为 55.49 岁，村干部平均受教育程度为 2.08，村干部中党员的比例为 52.94%；广西壮族自治区龙州县村干部平均年龄为 43.86 岁，村干部平均受教育程度为 1.83，村干部中党员的比例为 50.00%。

由以上三个指标对比分析可知：河南省邓州市村干部平均年龄较高，平均受教育程度也较高，且村干部中党员比例较大，表明他们更倾向于耕种农地，更依赖农地及服务农业生产的相关工程设施，且对村内事物的责任意识较强，觉悟较高，更倾向于做好建后管护工作，即人力资本专用性程度较高，交易费用较大；广西壮族自治区龙州县村干部平均年龄较低，平均受教育程度较低，村干部中党员比例也较低，则人力资本专用性程度较低，相应地，交易费用也较小。

综上所述，在实物资产专用性、地理位置专用性和人力资本专用性的共同影响下，本章认为河南省邓州市集体管护模式的资产专用性程度较高，相应产生的交易费用也较大；而广西壮族自治区龙州县农民联户管护模式的资产专用性程度较低，相应所产生的交易费用也较小。

（二）不确定性的模式比较

就当地建后管护政策制度健全程度这一指标而言，河南省邓州市为 3.04，广西壮族自治区龙州县为 3.16，比较可知河南省邓州市建后管护政策制度健全程度较低，即环境的不可预见性较大，则产生的交易费用较大；广西壮族自治区龙州县环境的不可预见性较小，相应的交易费用也较小。

河南省邓州市村干部对农地整理项目建后管护制度的了解程度、村干部感知的农地整理项目建后管护工作的重要性程度、村干部对现行管护组织模式的认可程度和村干部为咨询相关政策信息打电话的平均次数四个指标的平均值分别为

3.08、4.22、3.14 和 4.92 次，广西壮族自治区龙州县四项指标的对应值分别为 3.66、4.59、3.48 和 8.50 次。由此可知：河南省邓州市村干部对农地整理项目建后管护制度的了解程度较低，认为其重要性程度较低，对现行管护组织模式的认可程度也较低，且只打过较少的几次电话去咨询相关政策信息，整体而言，其行为的不确定性较大，相应的交易费用也较大；广西壮族自治区龙州县在建后管护工作中，村干部对建后管护制度的了解程度较高，认为其重要性程度较高，且对现行管护组织模式认可程度较高，并为咨询有关政策规定打电话的平均次数较多，则说明他们对整体情况的把握程度较高，与政府之间信息的不对称性相对较低，即行为的不确定性也较小，交易费用也相应较小。

（三）交易频率的模式比较

河南省邓州市进行巡查的次数、劝阻破坏行为的次数、进行纠纷调处的次数和组织维修的次数分别为 11.00 次/年、0.08 次/年、0.18 次/年和 1.71 次/年，广西壮族自治区龙州县进行巡查的次数、劝阻破坏行为的次数、进行纠纷调处的次数和组织维修的次数分别为 12.24 次/年、2.14 次/年、1.48 次/年和 2.82 次/年。这表明河南省邓州市的管护行为发生次数相对较少，交易频率相对较低，交易费用较大；广西壮族自治区龙州县的管护行为发生的次数相对较多，交易频率较高，分摊到多次管护行为的交易费用相应较小。

三、计量分析

本章以管护绩效为因变量，以交易费用 3 个维度的 16 个指标为自变量，定量分析交易费用各个因子对管护绩效影响的显著性、作用方向及大小。管护绩效 Y 的取值范围为[0, 1]，选择 Tobit 回归模型进行计量分析。

数据分析前，分别对 2 个研究区域 10 个乡镇的调研问卷进行信度和效度检验，得到克伦巴赫系数均大于 0.7，KMO（Kaiser-Meyer-Olkin）值均大于 0.8，巴特利特球形检验值小于 1%，从而证明问卷具有较高的可信度和良好的结构效度，调研数据能准确反映受访村干部的真实情况。

本章选取的 16 个解释变量，涵盖农地整理项目建后管护绩效差异的影响因素，容易导致多重共线性问题。一般而言，若 VIF＞10，则判定多重共线性比较严重（余家林和肖枝红，2008）。本章运用 SPSS 22.0 进行共线性诊断，结果如表 4.6 所示，解释变量的容忍度（tolerance）均在 0.4 以上，VIF 的值均小于 5，因此，认为解释变量之间不存在多重共线性。

第四章 农地整理项目建后管护的绩效差异研究

表 4.6 多重共线性诊断结果

变量	共线性统计量 容忍度	VIF
户均实际耕地面积	0.894	1.118
耕地质量	0.739	1.353
农业生产的机械化程度	0.760	1.316
村庄离中心镇的平均距离	0.830	1.204
村干部平均年龄	0.652	1.534
村干部平均受教育程度	0.606	1.651
村干部中党员的比例	0.639	1.566
当地建后管护政策制度健全程度	0.623	1.605
村干部对农地整理项目建后管护制度的了解程度	0.588	1.700
村干部感知的农地整理项目建后管护工作的重要性程度	0.624	1.603
村干部对现行管护组织模式的认可程度	0.638	1.568
村干部为咨询相关政策信息打电话的平均次数	0.639	1.566
进行巡查的次数	0.678	1.475
劝阻破坏行为的次数	0.411	2.430
进行纠纷调处的次数	0.650	1.538
组织维修的次数	0.405	2.469

为比较不同维度的解释变量对农地整理项目建后管护绩效的影响程度,本节构建四个 Tobit 回归模型:模型一仅考虑不确定性维度的变量,模型二考虑不确定性维度和交易频率维度的变量,模型三考虑资产专用性维度和不确定性维度的变量,模型四综合资产专用性维度、不确定性维度和交易频率维度的变量。这样按照从单一维度逐渐增加到多个维度的原则构建模型,能够体现模型的稳健性。采用 STATA 11.1 软件中的 tobit 命令分别对不同模型中的农地整理项目建后管护绩效进行回归分析,回归结果如表 4.7 所示。

表 4.7 Tobit 回归模型结果

变量	模型一 系数	模型一 显著性水平 p	模型二 系数	模型二 显著性水平 p	模型三 系数	模型三 显著性水平 p	模型四 系数	模型四 显著性水平 p
户均实际耕地面积					−0.002	0.187	−0.002	0.161
耕地质量					−0.042	0.314	−0.031	0.455

续表

变量	模型一 系数	模型一 显著性水平 p	模型二 系数	模型二 显著性水平 p	模型三 系数	模型三 显著性水平 p	模型四 系数	模型四 显著性水平 p
农业生产的机械化程度					0.001	0.308	0.001	0.365
村庄离中心镇的平均距离					0.013	0.063*	0.012	0.075*
村干部平均年龄					0.002	0.533	0.000	0.897
村干部平均受教育程度					−0.009	0.872	0.010	0.849
村干部中党员的比例					−0.040	0.581	−0.074	0.328
当地建后管护政策制度健全程度	0.056	0.140	0.052	0.177	0.053	0.189	0.046	0.257
村干部对农地整理项目建后管护制度的了解程度	−0.004	0.895	0.011	0.741	0.017	0.621	0.031	0.381
村干部感知的农地整理项目建后管护工作的重要性程度	0.131	0.001***	0.115	0.006***	0.130	0.002***	0.108	0.011**
村干部对现行管护组织模式的认可程度	0.077	0.045**	0.075	0.049**	0.068	0.070*	0.065	0.081*
村干部为咨询相关政策信息打电话的平均次数	0.002	0.406	0.002	0.343	0.002	0.371	0.002	0.361
进行巡查的次数			0.003	0.129			0.004	0.085*
劝阻破坏行为的次数			0.003	0.639			−0.001	0.886
进行纠纷调处的次数			−0.003	0.905			0.002	0.936
组织维修的次数			−0.011	0.341			−0.005	0.681
Log likelihood	−36.769		−35.039		−32.569		−31.111	
LR chi2	31.620%		35.080%		40.020%		42.940%	
$p >$ chi2	0.000		0.000		0.000		0.000	
Pseudo R2	0.301		0.334		0.381		0.408	

*、**、***分别表示在10%、5%、1%的统计水平上显著

  模型一检验结果表明，在资产专用性和交易频率一定的情况下，当地建后管护政策制度健全程度（$p=0.140>0.1$）、村干部对农地整理项目建后管护制度的了解程度（$p=0.895>0.1$）和村干部为咨询相关政策信息打电话的平均次数（$p=0.406>0.1$）对农地整理项目建后管护绩效的影响程度有限。模型一的方差为31.620%，F检验显著。模型二在模型一的基础上增加了交易频率维度的变量，方差由31.620%上升到35.080%，且F检验显著，模型二解释力度增强。模型二检验结果表明，村干部感知的农地整理项目建后管护工作的重要性程度（$p=0.006<0.01$

和村干部对现行管护组织模式的认可程度（$p=0.049<0.05$）对农地整理项目建后管护的绩效影响显著。村干部感知的农地整理项目建后管护工作的重要性程度每提升 1%，农地整理项目建后管护的绩效上升 0.115%；村干部对现行管护组织模式的认可程度每提升 1%，农地整理项目建后管护的绩效上升 0.075%。模型三考虑了资产专用性维度和不确定性维度的变量，方差由模型二的 35.080%上升到 40.020%，F 检验显著，模型三的解释力度更强。模型三的检验结果也表明，村干部感知的农地整理项目建后管护工作的重要性程度（$p=0.002<0.01$）和村干部对现行管护组织模式的认可程度（$p=0.070<0.1$）对农地整理项目建后管护的绩效影响显著。模型四综合了 3 个维度的变量，方差达到了 42.940%，F 检验显著。模型四的检验结果表明，资产专用性、不确定性和交易频率 3 个维度均有变量对农地整理项目建后管护绩效影响显著。所以，下面对模型四的结果进行分析。

（1）资产专用性维度变量。资产专用性维度由户均实际耕地面积、耕地质量、农业生产的械化程度、村庄离中心镇的平均距离、村干部平均年龄、村干部平均受教育程度、村干部中党员的比例 7 个变量表征。其中，影响农地整理项目建后管护绩效的显著性因素是村庄离中心镇的平均距离，其在各模型三和模型四显著性程度分别为 $p=0.063$、$p=0.075$，其他变量在 10%显著性水平下统计意义不显著。村庄离中心镇的平均距离表征了该村庄的地理位置专用性，村庄离中心镇越远，地理位置专用性程度越高，农户对农地及农地整理项目建成的工程设施的依赖程度更高，且村庄离中心镇距离较远，新技术等传播相对缓慢，这就对农户自身的知识、技术等要求更高，因而在开展建后管护工作时农民倾向于花更少的费用达到更好的效果，管护绩效较高。

（2）不确定性维度变量。此类变量由当地建后管护政策制度健全程度、村干部对农地整理项目建后管护制度的了解程度、村干部感知的农地整理项目建后管护工作的重要性程度、村干部对现行管护组织模式的认可程度、村干部为咨询相关政策信息打电话的平均次数组成。回归模型中，村干部感知的农地整理项目建后管护工作的重要性程度呈现较强烈的显著性（$p=0.011$），村干部对现行管护组织模式的认可程度也较显著（$p=0.081$）。这说明村干部行为决策的主要依据是自身感知程度及对现状认可的程度。村干部认为建后管护工作越重要，且对现行的管护模式认可程度越高，则更会尽心尽力地带领农民开展农地整理项目建后管护工作，提高建后管护绩效。

（3）交易频率维度变量。本章采用进行巡查的次数、劝阻破坏行为的次数、进行纠纷调处的次数、组织维修的次数 4 个变量代表交易频率。模型结果表明，进行巡查的次数（$p=0.085$）表现出一定的显著性。在管护工作开展过程中，村干部会定期或不定期对农地及相关工程设施进行巡查，检查是否出现工程设施损毁情况或有破坏行为等，出现问题及时处理，保证农地整理项目建后管护设施正常运行，提高建后管护绩效。

四、结果与讨论

本章以威廉姆森的交易费用理论为依据，从资产专用性、不确定性和交易频率三个维度构建了农地整理项目建后管护模式的交易费用指标体系，描述了河南省邓州市和广西壮族自治区龙州县两种不同管护模式区各项评价指标的差异，并定量分析了三个维度的因素对建后管护绩效的影响，探讨了农地整理项目建后管护模式存在差异的原因，得到主要研究结论为农地整理项目建后管护绩效的高低，取决于农地整理项目建后管护过程中的交易费用的高低。不同的农地整理项目建后管护模式交易费用不同，建后管护绩效自然存在差异，交易费用与建后管护绩效之间存在反相关关系。基于交易费用的三个维度对不同农地整理项目建后管护模式进行分析，根据描述性分析结果，可知广西壮族自治区龙州县农民联户管护模式交易费用较小，管护绩效较高；河南省邓州市集体管护模式交易费用较大，管护绩效较低。根据计量分析结果可知：资产专用性、不确定性和交易频率三个维度均有变量对农地整理项目建后管护绩效影响显著；从资产专用性维度来看，村庄离中心镇的平均距离对农地整理项目建后管护绩效影响显著；从不确定性维度来看，村干部感知的农地整理项目建后管护工作的重要性程度和村干部对现行管护组织模式的认可程度这两个变量对农地整理项目建后管护绩效影响显著；从交易频率维度来看，进行巡查的次数对农地整理项目建后管护绩效具有显著性影响。

第五章　农地整理项目建后管护绩效的影响机理

第一节　"结构—行为—绩效"范式下的农地整理项目建后管护绩效影响机理

一、分析框架

　　制度经济学认为，制度是经济理论中除土地、劳动、资本之外的第四大基石（卢现祥，2011），对经济行为和经济绩效具有重要作用。历经了哈佛学派、芝加哥学派、新制度学派的不断完善，"结构—行为—绩效"的研究范式逐渐形成。最初产业组织理论将"结构—行为—绩效"范式的三个基本要素定义为市场结构、企业行为、经济绩效，并且认为结构、行为、绩效之间存在密切的单向因果关系，其作用机理是市场结构决定企业行为、企业行为产生经济绩效。新制度学派的贡献在于将"结构—行为—绩效"范式中"结构"扩展为组织结构和产权结构，从制度的视角研究组织的绩效问题。该范式的经济逻辑是，组织结构以明确行为边界为目标，通过内隐的激励与约束机制诱导行为主体的经济行为；理性行为主体在不同的约束条件下实现各自的帕累托改进，出现不同的经济行为和资源配置状态，并最终产生不同的经济绩效（何一鸣和罗必良，2010）。

　　农地整理项目建后的监管与维护具体表现为宣传、巡查、决策、修复、重建等程序和任务，是保障农地整理基本效能的重要环节。从实践来看，农地整理竣工移交后往往会明确管护主体，管护主体全面分析地区资源禀赋和社区习俗惯例，建立管护组织及管护制度，明确管护职责、管护劳力、管护资金等实施规则，抑制可能出现的机会主义行为，促成建后管护的集体行为，遵循外部利益内部化的原则，增进受益区群众的共同利益，以期获得良好的管护绩效。因此，本节通过构建农地整理项目建后管护的"结构—行为—绩效"范式，即"组织结构—管护行为—管护绩效"的理论分析框架，分析管护组织在实现管护行为有序化方面的积极作用，研究组织结构和管护行为对规范利益相关者之间的经济关系、降低资源消耗、提升管护绩效的有效程度，进一步厘清建后管护中结构、行为、绩效三者之间的内在逻辑，阐释组织结构、管护行为对管护绩效的影响程度和影响路径，为管护绩效的影响机理研究提供可行的技术路线。

二、数据来源

农地整理项目建后管护的传统模式是乡镇政府将竣工后的农业设施移交至项目区内各个行政村，村民委员会组织广大农民投劳参与管护。除此之外，还存在企业管护模式、个人管护模式、协会管护模式等多种新型管护模式。为反映不同管护模式下农地整理项目建后管护绩效的特征与差异，本节选取湖北省咸宁市下辖的赤壁市黄盖湖农场和嘉鱼县潘家湾镇为研究区域开展调查研究。上述区域地理位置临近，作物种类及耕种习惯相似，近年来陆续开展赤壁市黄盖湖农场高产农田土地整理项目、嘉鱼县潘家湾镇解放渠基本农田土地整理项目、嘉鱼县潘家湾镇整体推进农村土地整治示范建设项目等农地整理项目，取得较好的示范辐射效应。黄盖湖农场区域实施以农场为管护主体的企业管护模式，潘家湾镇区域实施以村集体为管护主体的集体管护模式。在制度环境方面，湖北省国土资源厅于2011年4月制定《湖北省土地整治项目工程交付使用后期管护办法》，嘉鱼县于2012年10月下发《进一步加强土地整治项目后期管护工作的通知》，要求建后管护中明确管护责任人和管护资金来源等影响管护绩效的制度要素。

华中农业大学公共管理学院研究人员于2014年10月1～6日对上述研究区域开展随机调查，涉及赤壁市黄盖湖农场黄盖湖镇的黄盖咀村、大湾村、老河村、铁山村，以及嘉鱼县潘家湾镇的肖家洲村、四邑村，共回收有效样本178份，其中，黄盖湖农场93份，潘家湾镇85份。有效样本中男性占60.7%（黄盖湖农场为65.6%，潘家湾镇为55.3%），平均年龄为48.3岁（黄盖湖农场为49.2岁，潘家湾镇为47.2岁），初中教育比例为42.6%（黄盖湖农场为38.7%，潘家湾镇为44.7%），党员比例为7.9%（黄盖湖农场为9.7%，潘家湾镇为5.9%），平均家庭人口为4.5人（黄盖湖农场为4.2人，潘家湾镇为4.8人），家庭平均经营耕地为16.8亩（黄盖湖农场为21.8亩，潘家湾镇为11.7亩），亩均毛收入为928元（黄盖湖农场为729元，潘家湾镇为1156元），亩均生产性投入为710元（黄盖湖农场为518元，潘家湾镇为843元）。

三、绩效测度

农地整理的绩效不仅可以由物质方面的效果来度量，也可以由精神方面的效果来衡量；从农民视角出发，只有主观感受到的效用才是他们最为关注的实质绩效。顾客满意度评价是新公共管理的重要特征，顾客满意度驱动的管理机构更负责任、更有创新性，对公共产品供给的质量更为关注。借鉴农地整理满意度绩效领域的研究成果（罗文斌等，2013；严立冬等，2013），将农地整理实施区域的农民视为接受公共产品服务的顾客，农民做出的满意度评价是顾客对所接受的服务过程进行的主观评估。问卷调查过程中，需要受访农民面对田块平整工程管护的满意度、灌溉工程管护的满意度、排水工程管护的满意度、道路工程管护的满意度、防护林工程管护的满意度、其他工程（村庄整治）管护的满意度 6 个测度进行满意度评价，从"1=非常不满意、2=不满意、3=一般、4=比较满意、5=非常满意"中选择最接近个人主观感知的一项。

考虑到相关研究中有学者质疑顾客满意度评价方法的科学性（王佃利和刘保军，2012），问卷调查前期特别针对访谈人员进行培训，要求田野调查中通过文字导言、现场解释等辅助途径尽量排除其他社会和情感因素的干扰，确保绩效测量时农民主观感知和工程设施客观绩效在方向与级别维度上的一致，降低受访农民无意识的策略性行为对满意度评价的影响。

四、测度权重

测度权重的大小反映绩效测度对绩效结果的相对影响程度。常规的权重确定方法可分为主观判断法和客观分析法，分别从专家定性或定量评定和数据本身客观信息提取。为克服两者方法各自的缺陷，本节借鉴最优组合赋权方法（张以晨等，2011）的思路确定绩效测度权重。

（一）主观权重

设待评价的绩效测度集合为 $\{c_1, c_2, \cdots, c_n\}$，其中，$n$ 为绩效测度数目（$n=6$），而且约定 $c_1 \geqslant c_2 \geqslant \cdots \geqslant c_n$。记 $b_{ij}(i, j = 1, 2, \cdots n)$ 为评价专家关于 c_i 和 c_j 的比率标度值（比率标度值的取值规则见表 5.1，本节邀请湖北省国土整治局的工作人员进行评估），$p_j (0 \leqslant p_j \leqslant 1)$ 为所求主观权重，可建立如下方程：

$$\begin{cases} b_{11}p_1 + b_{12}p_2 + \cdots + b_{1n}p_n = np_1 \\ b_{22}p_2 + b_{23}p_3 + \cdots + b_{2n}p_n = (n-1)p_2 \\ \cdots\cdots \\ b_{(n-1)(n-1)}p_{n-1} + b_{(n-1)n}p_n = 2p_{n-1} \\ p_1 + p_2 + \cdots + p_n = 1 \end{cases} \quad (5.1)$$

表 5.1 比率标度值的取值

偏好判断	c_i 非常强	c_i 很强	c_i 比较强	c_i 稍强	c_i 和 c_j 等强
比率标度值 b_{ij}	5.0	4.0	3.0	2.0	1.0

（二）客观权重

本节采用多属性评价领域较为成熟的熵权法计算绩效测度的客观权重。记 a_{ij}

为第 i 个农民对农地整理项目建后管护第 j 个绩效测度做出的满意度评价，$i=1,2,\cdots,m$（m 为评价样本数目，$m=178$），$j=1,2,\cdots,n$。本节对数据进行规范化预处理后，通过计算信息熵 e_j 即可得到一个值域在 0 和 1 之间的客观权重 q_j。

$$d_{ij} = a_{ij} \Big/ \sum_{i=1}^{m} a_{ij} \quad (5.2)$$

$$e_j = -\sum_{i=1}^{m}(d_{ij} \ln d_{ij}) \Big/ \ln n \quad (5.3)$$

$$q_j = (1-e_j) \Big/ \sum_{j=1}^{n}(1-e_j) \quad (5.4)$$

（三）组合权重

最优组合赋权方法采用求解非线性规划最优解得到最优组合权重。该方法仅适用于评价对象（观测样本）较少的情况，若将 178 个观测样本代入求解模型则会形成过于庞杂的非线性方程组，无法得到有益的研究结论。本节设组合权重 ω_j 由主观权重 p_j 和客观权重 q_j 线性组合得到：

$$\omega_j = \lambda_1 p_j + \lambda_2 q_j \quad (5.5)$$

参考相关成果（丁勇等，2010），本节认为主观权重与客观权重以等权重方式组合，即组合系数 $\lambda_1 = \lambda_2 = 0.5$。

运用式（5.1）～式（5.5），计算得到农地整理项目建后管护的绩效测度田块平整工程管护的满意度、灌溉工程管护的满意度、排水工程管护的满意度、道路工程管护的满意度、防护林工程管护的满意度、其他工程（村庄整治）管护的满意度的组合权重分别为：0.114、0.229、0.229、0.185、0.099、0.145。

五、绩效结果

根据上文得到的绩效测度权重进而得到管护绩效的评价结果（表 5.2），全部实证区域受访农民对农地整理项目建后管护的绩效评价为 3.023（一般至比较满意），其中，黄盖湖农场的评价结果是 3.213（一般至比较满意），潘家湾镇的评价结果是 2.816（不满意至一般）。黄盖湖农场的整体评价要优于潘家湾镇的绩效评价结果。

第五章 农地整理项目建后管护绩效的影响机理

表 5.2 管护绩效的评价结果

调查区域	样本数	最小值	最大值	均值	标准差	偏度	峰度
全部实证区域	178	1.00	5.00	3.023	0.726	−0.500	0.114
黄盖湖农场	93	1.00	5.00	3.213	0.617	−0.483	1.811
潘家湾镇	85	1.00	4.00	2.816	0.781	−0.285	−0.826

针对调查区域内黄盖湖农场和潘家湾镇管护绩效均值出现差异的现象，本节采用单因素方差分析方法检验组内均值（3.213 和 2.816）与总体均值（3.023）之间的差异是否达到统计学上的显著水平。SPSS 软件分析结果表明（表 5.3），样本方差不具有同质性，黄盖湖农场和潘家湾镇管护绩效的组间差异达到了 1% 的显著性水平（表 5.3）。

表 5.3 管护绩效评价的单因素方差分析

变量	分组	平方和	自由度	均方差	F 值	显著性
管护绩效	组间	7.008	1	7.008	14.301	0.000
	组内	86.250	176	0.490		
	总数	93.258	177			

六、影响机理

在"结构—行为—绩效"分析框架下，组织结构促成理性行为并生成经济绩效，即农地整理项目建后管护的绩效取决于建后管护的组织结构和管护行为。

（一）组织结构

组织存在的目的是增进其成员共同拥有的福利或利益。对农地整理项目建后管护而言，管护组织建立的目的即通过有效的管护行为维持农地整理建成设施的日常运行，其预先假设是管护区域内全体农民均能从管护绩效提升中受益，共享农地整理项目建后管护发挥的经济、社会、生态等功效。诺思（2008）认为，"将组织模型化，就是分析其治理结构、技能，以及在长期组织如何通过'干中学'（learning by doing）获得成功"。基于上述认识，本节采用工作职能和成长机制两个层面的要素刻画管护组织结构，工作职能反映管护组织的治理结构与基本技能，用管护程序性 S_1、管护目的性 S_2、管护针对性 S_3 变量来表示；成长机制反映管护组织自身的成长与完善趋势，用持续发展 S_4、组织改进 S_5 变量来表示。

(二) 管护行为

纵然管护组织建立的基本假设是全体农民共同利益的一致性，但是农民的个人利益也不能被忽视。根据集体行动理论，个人理性并不必然导致集体理性，集体选择过程中往往会形成"奥尔森式的困境"。当管护区域较小、涉及的农民数量较少时，组织内部成员相互监督、相互影响，管护行为很容易通过协商、谈判、签订契约等形式予以实现；反之，管护组织规模越大，组织内部成员以相同比例分摊管护行为的收益和成本的可能性越小，投机行为越容易产生，管护行为将呈现多样化特征。本节采用集体行为和个体行为两个层面的要素全面反映管护行为的基本特征，集体行为反映管护主体视角下建后管护的投入程度，用人力投入 C_1、资金投入 C_2 变量来表示；个体行为反映农民视角下建后管护的参与程度，用个人参与 C_3、他人参与 C_4 变量来表示。变量含义及赋值条件详见表 5.4。

表 5.4 变量含义及赋值条件

影响因素	变量分类	变量名称	变量含义	赋值规则
组织结构	工作职能	管护程序性 S_1	建后管护的组织过程是否有序	1=非常差；2=比较差；3=一般；4=比较好；5=非常好
		管护目的性 S_2	建后管护是否有利于农业生产	1=没有效果；2=一般，作用不明显；3=效果显著
		管护针对性 S_3	管护措施与建成设施运行特点的针对性	1=非常差；2=比较差；3=一般；4=比较好；5=非常好
	成长机制	持续发展 S_4	管护组织发展是否具有可持续性	1=非常差；2=比较差；3=一般；4=比较好；5=非常好
		组织改进 S_5	管护组织是否需要进一步完善与改进	1=非常不完善，大幅度改进；2=不够完善，继续改进；3=基本完善，无需改进
管护行为	集体行为	人力投入 C_1	管护主体在人力方面的投入状况	1=非常差；2=比较差；3=一般；4=比较好；5=非常好
		资金投入 C_2	管护主体在资金方面的投入状况	1=非常差；2=比较差；3=一般；4=比较好；5=非常好
	个体行为	个人参与 C_3	受访对象参与建后管护的状况	1=没有参与过；2=服从安排参与管护；3=主动参与，积极性高
		他人参与 C_4	受访对象对其他人员参与行为的评价	1=非常差；2=比较差；3=一般；4=比较好；5=非常好

七、计量模型及结果分析

本节运用调查数据验证组织结构类因素和管护行为类因素与管护绩效之间的统计规律，建立如下多元回归计量模型：

第五章 农地整理项目建后管护绩效的影响机理

$$\text{Perf} = a_0 + \text{Stru} + \text{Cond} + \varepsilon = a_0 + \sum_{i=1}^{5}\beta_i S_i + \sum_{i=1}^{4}\gamma_i C_i + \varepsilon \quad (5.6)$$

式中，Perf 表示被解释变量农地整理的管护绩效；Stru 表示组织结构类因素，包括 $S_1 \sim S_5$ 5 个解释变量；Cond 表示管护行为类因素，包括 $C_1 \sim C_4$ 4 个解释变量；β_i、γ_i 表示回归系数；ε 表示满足正态性、无偏性、同方差性、独立性等假设的随机误差；a_0 表示常数。

运用 SPSS 软件拟合回归关系之前，必须对数据的一致性程度进行分析。信度分析结果表明，模型涉及变量的克伦巴赫系数达 0.859，即数据的稳定性和可靠性可以被接受。

本节分别对全部实证区域（178 份样本）、黄盖湖农场（93 份样本）、潘家湾镇（85 份样本）数据进行拟合分析。SPSS 软件中自变量进入回归方程的方式选择"逐步"，显著性水平设定为 5%。计量模型回归结果如表 5.5 所示。

表 5.5 计量模型回归结果

变量	模型一：全部实证区域 回归系数	显著性水平 p	膨胀因子	模型二：黄盖湖农场 回归系数	显著性水平 p	膨胀因子	模型三：潘家湾镇 回归系数	显著性水平 p	膨胀因子
常数项	0.893	0.000		0.882	0.000		1.098	0.000	
持续发展 S_4	0.313	0.000	1.822	0.190	0.007	1.739	0.397	0.000	1.654
组织改进 S_5	0.204	0.000	1.717	0.143	0.015	1.400	0.297	0.000	1.654
人力投入 C_1				0.181	0.003	1.403			
资金投入 C_2	0.112	0.021	1.384						
他人参与 C_4	0.119	0.026	1.299	0.236	0.001	1.204			

根据表 5.5 中数据得到如下主要结论。

（1）基于湖北省咸宁市下辖的赤壁市黄盖湖农场、嘉鱼县潘家湾镇区域的 178 份调查样本，研究发现实证区域农地整理项目建后管护的农民满意度绩效与组织结构类因素和管护行为类因素具有统计意义上的正向相关性。模型一中持续发展 S_4、组织改进 S_5、资金投入 C_2、他人参与 C_4 变量的显著性水平均在 5% 以内，同时，反映变量共线性的膨胀因子也在允许值以内，从而验证了本节针对农地整理项目建后管护提出的"组织结构—管护行为—管护绩效"理论假设。

（2）在组织结构类因素中，体现管护组织成长机制的解释变量持续发展 S_4 和组织改进 S_5 最终进入了回归方程并呈现显著正相关特性（均为 $p=0.000<0.01$），而体现管护组织工作职能的解释变量管护程序性 S_1、管护目的性 S_2、管护针对性 S_3 未能在回归方程中表现其显著性，说明相对于管护组织现行的基本职能和运行

状态，管护组织是否处于良性的可持续发展趋势、是否存在组织结构和制度安排上的不足及改进需求更加能够影响农民对建后管护满意度绩效的评价。从拟合的回归系数来看，持续发展 S_4 变量对管护绩效的影响程度要高于组织改进 S_5 的影响程度，反映了管护组织结构与农村社区社会风俗和社会规范的契合性所导致的比较优势。实证结果说明组织结构与管护绩效之间较强的关联性。

本节构建的管护行为类因素分为集体行为和个体行为两个层面。集体行为中的资金投入 C_2 在回归方程中成为正向相关的显著变量（$p=0.021<0.05$），而人力投入 C_1 变量未能进入方程。研究发现，管护的资金投入成为制约管护绩效的显著因素，管护资金的来源、稳定性及充足性等成为农地整理项目建后管护正常实施的重要外部条件。相对于资金投入，人力投入是农村地区开展农业基础设施建设与维护的传统方式，更能为普通群众主观接受，因此，对管护绩效的影响程度不高。在个体行为层面，反映利益相关群体参与状况的他人参与 C_4 同样成为正向相关的显著变量（$p=0.026<0.05$），而个人参与 C_3 变量没有表现显著性。农地整理项目建后管护是一项劳动量大、涉及区域广的集体行动，群体性的积极有效参与才能实现较高的农民满意度，个体农民的参与意愿及参与行为对整体绩效的影响不显著。从拟合的回归系数来看，资金投入 C_2 变量和他人参与 C_4 变量对绩效的影响程度相对一致。

（3）黄盖湖农场调查样本和潘家湾镇调查样本拟合的回归方程反映了两地区管护绩效的形成机理及差异。模型二的计量分析结果与模型一的结果基本一致，管护绩效的影响因素为持续发展 S_4（$p=0.007<0.01$）、组织改进 S_5（$p=0.015<0.05$）、人力投入 C_1（$p=0.003<0.01$）、他人参与 C_4（$p=0.001<0.01$）变量。可以看出，黄盖湖农场与全部实证区域的差别在于：①管护行为类因素中体现集体行为的变量人力投入 C_1 代替资金投入 C_2 呈现显著性；②黄盖湖农场地区模型的管护行为类因素比组织结构类因素具有更强烈的显著性。黄盖湖农场早期实行农垦部门和县（市）双重管理，2002 年后移交赤壁市管理，相继成立赤壁市黄盖湖管理区与湖北省国营黄盖湖农场开展管理和经营活动。此后黄盖湖农场管理部门的组织结构不断变革、日益完善，以应对自由市场经济条件下繁重的生产和销售压力。企业模式下农业基础设施的日常管护得到根本重视，管护行为更加高效。实地调查过程中，受访农民表示农场对农地整理项目建后管护的资金投入及时并能够保证农场农产品生产需要。由此可以解释管护行为类因素对管护满意度绩效的影响程度优于组织结构类因素，并且在农场管护资金投入稳定和持续的前提下，人力资源的投入状况反而成为限制管护绩效高低的突出因素之一。

模型三的计量结果中，仅有持续发展 S_4（$p=0.000<0.01$）、组织改进 S_5（$p=0.000<0.01$）成为显著影响变量。潘家湾镇农地整理项目建后管护属于典型的集体管护模式，按照嘉鱼县政府下发的《进一步加强土地整治项目后期管护工

作的通知》，潘家湾镇政府为农地整理项目建后管护的第一责任人，相关村组（肖家洲村、四邑村）为管护的第二责任人，由村集体根据建成设施的运行状况组织村民参与农地整理项目建后管护工作。在管护经费方面，嘉鱼县政府将农地整理项目建后管护费纳入政府预算，每年从县财政"用于农业土地开发的土地出让金"账户中列支100万元专项经费，镇财经所设立专项账户管理，充分保证了农地整理项目建后管护经费。在此背景下，农民对管护绩效的主观评价普遍受到管护的组织结构影响，具体表现为建后管护组织方式的可持续性与完善程度，这也体现了农民较为关注农村社区治理模式的改革与演进。潘家湾镇作为全国城镇发展改革试点镇、湖北省经济发达镇行政管理体制改革试点镇、湖北省新农村建设试点镇，在推进农村治理机制变革的进程中也会不断带动农地整理项目建后管护绩效的提升。

八、结论与讨论

本节主要围绕农地整理的管护绩效开展研究，完成的主要工作为以下几方面。

（1）在理论研究方面，本节全面分析了农地整理项目建后管护的基本内涵，引入新制度经济学"结构—行为—绩效"范式，构建农地整理项目建后管护的"组织结构—管护行为—管护绩效"理论分析框架，厘清三者之间的内在逻辑，分析组织结构、管护行为对管护绩效的影响机理。研究过程中，本节根据诺思对组织含义的描述，将组织结构分解为工作职能和成长机制两类因素；基于集体行动理论采用集体行为和个体行为两个层面的因素反映管护行为的基本特征；借鉴公共管理领域中的顾客满意度理论，采用农民主观满意程度评价农地整理的管护绩效。

（2）在实证研究方面，以湖北省咸宁市下辖的赤壁市黄盖湖农场和嘉鱼县潘家湾镇随机调查得到的178份样本为例开展计量研究。首先依据农地整理实施的主要单项工程开发了建后管护的农民满意度绩效量表；通过比率标度法和熵权法生成的主观权重和客观权重组合得到综合权重及满意度绩效。然后建立计量模型，运用调查数据验证组织结构类因素和管护行为类因素与管护绩效之间的统计规律。研究发现，受访农民对农地整理的管护绩效评价略高于"一般"，黄盖湖农场和潘家湾镇的管护绩效存在显著的组间差异；持续发展、组织改进的组织结构类变量，以及资金投入、他人参与的管护行为类变量是共同影响管护绩效的显著变量；黄盖湖农场企业化经营的组织结构、潘家湾镇的综合治理改革，以及受到县级财政专项支持等外部要素是造成企业管护模式和集体管护模式下农地整理项目建后管护绩效差异的主要原因。

本节通过理论和实证研究试图解决农地整理的管护绩效如何表达、管护绩效的影响机理等系列关键问题。由于研究方案和调查区域的局限性，以下问题还需进一步探讨和研究。

（1）遵循新制度经济学领域的"结构—行为—绩效"范式，即研究假定管护绩效由组织结构和管护行为决定。在该研究框架下，管护绩效测度体系及其科学评价是应当解决的首要问题。本节采用顾客满意度绩效视角对实证区域农民进行调查得到，没有尝试采用效益绩效和效率绩效观点开展比较研究及相互验证。

（2）农地整理项目建后管护研究的实证区域选择企业管护模式的黄盖湖农场和集体管护模式的潘家湾镇，研究区域的共同特点是建后管护组织健全、管护资金来源有保证。上述研究未涉及其他管护模式，尤其是外部管护资金匮乏条件下农民投资和投劳行为对管护绩效的影响机理及实现路径。

第二节 基于分位数回归的农地整理项目建后管护绩效影响机理

一、分位数回归方法

农地整理项目建后管护绩效的测度及对绩效形成机理的解释是建立在绩效期望的基础上，即认为研究区域管护绩效可由全体观测值（农民主观评价或其他客观指标）的均值代替，从而忽略了样本内部的差异性，无法全面、客观地阐释不同水平绩效影响因素的多样性。为弥补此不足，本节提出采用分位数回归（quantile regression）方法分析农地整理项目建后管护绩效的影响机理。分位数回归是一种基于被解释变量的条件分布来拟合解释变量与被解释变量关系的线性回归方法，是对在均值上进行普通最小二乘法（ordinary least squares，OLS）回归的改进，其相对优势表现为（高铁梅等，2009）：①特别适合于具有异方差的线性回归模型；②不要求很强的分布假设，在扰动项非正态条件下参数估计更加有效率；③尤其是对条件刻画更加细致，能给出条件分布的基本统计特征。该方法在每个分位点上的回归结果都能够得到必要的特征信息，因此，将不同分位点的回归结果汇总即可得到关于条件分布更加完整的统计特征描述。广大学者已经开始尝试运用分位数回归方法解决经济学相关问题，如李长生和张文棋（2015）基于农户预期收入的现值最大化模型探索信贷约束对农户收入的影响，分位数回归结果表明信贷约束对低收入、较低收入、中等收入、高收入农户群体的影响有较大差异；谢勇（2013）运用分位数回归方法估算了农民工的人力资本收益率，实证结果显示教育收益率随着工资分位的上升呈现先下降后上升的趋势，中高级技能收益率在工资分布的中高分位处显著为正值；牛品一等（2013）关于江苏省城镇化动力因子的研究结果指出，外向力对城市化水平高的地区的影响要大于城市化水平低的地区，市场力对城市化的影响随着城市化水平的提高经历先增后减的过程。分位数回归方法所取得的良好成效证实了其有效性和先进性，不同分位点上的参数估计也具有值得深入探讨的理论价值与现实意义，同时也为本节提供了重要的参考依据和指引方向。

二、数据来源

研究区域选择广西壮族自治区龙州县和河南省邓州市。龙州县地处广西壮族自治区崇左市，近年来在政府支持下农民实施"小块并大块"耕地整理模式，保留耕地面积不变、土地归并平整后调整承包经营权，开展相关配套基础设施建设。龙州县农地整理项目建后管护采取农民联户管护模式，多名农户联合使用和管护配套设施，工程设施损毁后由联户农户投劳投资进行修复。邓州市农地整理项目建后管护采用传统的集体管护模式，市政府制定了较为完善的农地整理管护办法，规定各乡镇政府和市政府相关职能部门成立领导小组，定期进行检查和监督；各行政村成立具体实施的管护机构，制定具体的管护章程和奖罚措施。广西壮族自治区龙州县农民联户管护模式和河南省邓州市集体管护模式分别根植于特定的社会经济背景，是当地农地整理项目区农民对管护模式理性选择的结果，研究区域的选择具有较强的代表性。

本节随机选择广西壮族自治区龙州县上龙乡、彬桥乡、武德乡、龙州镇、水口镇5个乡镇，河南省邓州市文渠乡、张楼乡、白牛乡、裴营乡、夏集乡5个乡共36个行政村作为实证区域。研究人员分别于2015年10月21～28日赴广西壮族自治区龙州县，2015年1月9～13日和2015年11月7～10日先后两次赴河南省邓州市进行问卷调查，最终获得有效问卷581份，其中，广西壮族自治区龙州县294份，河南省邓州市287份。

三、绩效测度

在以农地整理项目为载体实现农业基础设施集中供给的过程中，农民是直接服务对象和受益群体，农民利益是进行农村基础设施供给改革和农地整理绩效管理的出发点与落脚点。广大研究人员也将农地整理项目区域的农民视为核心利益相关者，重视农民的权益与诉求（吴九兴和杨钢桥，2013；吴诗嫚等，2013），从农民视角出发探讨农地整理项目建后管护绩效的作用机理（罗文斌等，2013；严立冬等，2013）。基于上述认识，本节将农地整理项目建后管护绩效界定为农地整理项目管理权限经由建设单位向项目区所在乡、镇移交后，利益相关农民对农村社区生产型、生活型、生态型基础设施的监管与维护工作的成效所进行的主观评估。农地整理项目建后管护绩效的测度体系应当涵括农民对土地平整、灌溉排水、田间道路、农田防护与生态保护、村庄整治五类基础设施管护效果的评价，即可用式（5.7）表示：

$$\text{Perf} = \sum_{i=1}^{2} \text{p\_plot}_i + \sum_{i=1}^{2} \text{p\_irri}_i + \sum_{i=1}^{2} \text{p\_road}_i + \sum_{i=1}^{2} \text{p\_eco}_i + \sum_{i=1}^{2} \text{p\_vill}_i \quad (5.7)$$

式中，Perf 表示管护绩效；p_plot 表示土地平整设施的管护绩效，其中，p_plot$_1$ 表示农民对田面平整工程的结构完好性与功能发挥的满意程度，p_plot$_2$ 表示农民对田埂修筑工程的结构完好性与功能发挥的满意程度；p_irri 表示灌溉排水设施的管护绩效，其中，p_irri$_1$ 表示农民对灌溉设施的结构完好性与功能发挥的满意程度，p_irri$_2$ 表示农民对排水设施的结构完好性与功能发挥的满意程度；p_road 表示田间道路设施的管护绩效，其中，p_road$_1$ 表示农民对机耕道和机耕桥的结构完好性与功能发挥的满意程度，p_road$_2$ 表示农民对人行道和人行桥的结构完好性与功能发挥的满意程度；p_eco 表示农田防护与生态保护的管护绩效，其中，p_eco$_1$ 表示农民对防护林的结构完好性与功能发挥的满意程度，p_eco$_2$ 表示农民对护沟、护坡、防洪堤的结构完好性与功能发挥的满意程度；p_vill 表示村庄整治的管护绩效，其中，p_vill$_1$ 表示农民对村庄道路、排水、垃圾回收等生活基础设施的结构完好性与功能发挥的满意程度，p_vill$_2$ 表示农民对村庄绿化、自然水体等生态基础设施的结构完好性与功能发挥的满意程度。受访农民满意度测量采用"1=非常低，2=比较低，3=一般，4=比较高，5=非常高"的赋值规则。

运用式（5.7）对研究区域的 581 份有效样本进行评估，得到农地整理项目建后管护绩效的均值为 35.620，标准差为 5.583，偏态系数−0.921，峰度系数 5.571，在 1%显著性水平下拒绝管护绩效呈正态分布的假设。考虑样本总体的非正态性，采用非参数估计方法中的核密度估计法对管护绩效的密度函数进行估计。本节中核函数采用"Epanechnikov 核"，最优带宽选用"Silverman 嵌入估计"。利用 STATA 14 软件得到实证区域的管护绩效核密度图。由图 5.1 可知，实证区域管护绩效呈现"单峰模式"，样本在中位数 36 附近聚集，且有 50%的样本处于 33（第一四分位数）和 39（第三四分位数）之间，其四分位距为 6。

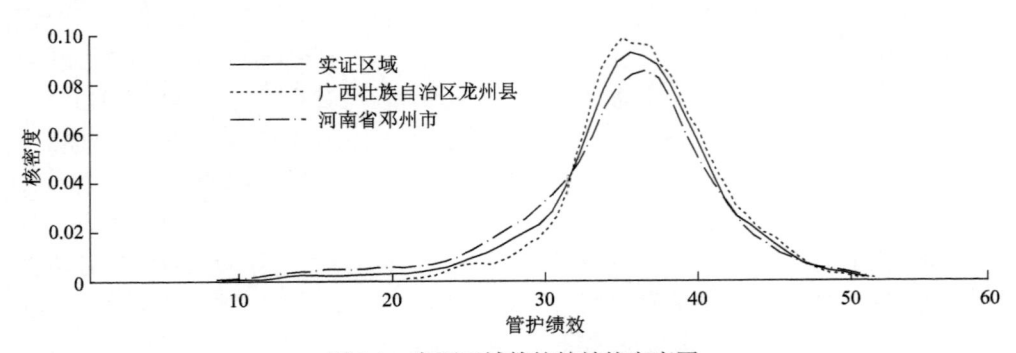

图 5.1 实证区域管护绩效核密度图

四、影响机理

"结构—行为—绩效"范式早期是产业组织领域经验研究的经典范式和规范框架,研究人员运用该分析范式研究市场结构、企业行为、经济绩效三类要素之间的交互作用。随着"结构—行为—绩效"范式的引入,新制度经济学领域广大学者对制度结构的效应表现出浓郁的兴趣,尝试从制度的视角研究各类绩效问题。相关研究的主要成果和观点有:①构建基于新制度经济学理论的"结构—行为—绩效"范式,即"制度结构—制度行为—制度绩效"(罗必良,2004)。该范式的逻辑机理是,不同的制度安排通过隐含的激励与约束机制作用,影响理性"经济人"的主体行为及资源配置,并最终决定绩效水平。②制度安排以强化产权、明确行为边界为目标,诱导行为主体的经济行为(李怡和高岚,2012)。不同的制度结构对制度行为影响的程度和范围不同,理性行为主体在不同的约束条件下实现各自的帕累托改进,出现不同的制度行为。制度安排中的激励和约束机制具有重要的行为发生学意义。③同一制度在不同环境下具有不同的比较优势,相同的制度行为会在不同契约激励下产生不同的制度绩效(何一鸣和罗必良,2011;陈志刚和曲福田,2006)。

本节认为,运用"制度结构—制度行为—制度绩效"的制度经济学"结构—行为—绩效"研究范式可以对农地整理项目建后管护绩效的影响机理开展针对性研究,即管护制度能够激发不同程度的管护行为,管护制度和管护行为共同生成管护绩效。因此,农地整理项目建后管护绩效至少应该由两方面的因素直接影响:①制度结构要素。作为利益相关者共同参与农地整理项目建后管护的契约形式,广义的制度结构不仅包括正式或非正式的制度约束,还包括制度的实施机制(卢现祥,2011),正式或非正式的制度约束给定了制度环境下的行为标准,而制度的实施机制保障了这个行为标准的执行;离开了健全的实施机制任何制度尤其是正式制度都无法发挥任何效用。②管护行为要素。受制度结构的诱导,管护参与人在制度约束边界内反复权衡福利最大化意识形态、利他主义及自我施加的行为标准后理性地做出决策(诺思,2008),在充分发挥主观能动性、调配可支配资源的基础上实现管护绩效的最大化。农地整理项目建后管护阶段的管护行为类型包括管护资金投入和管护行为措施。

五、计量模型及结果分析

在理论分析的基础上,首先建立管护绩效影响机理的 OLS 回归模型。

$$\text{Perf} = c_0 + \sum_{i=1}^{3} \alpha_i \text{Cons}_i + \sum_{i=1}^{5} \beta_i \text{Mech}_i + \gamma \text{Inve} + \sum_{i=1}^{4} \lambda_i \text{Cond}_i + \varepsilon \quad (5.8)$$

式中,Cons 表示制度约束变量,由组织结构(Cons_1)、管护制度(Cons_2)、外

部监督（Cons₃）变量组成；Mech 表示实施机制变量，由管护主体（Mech₁）、管护客体（Mech₂）、管护目标（Mech₃）、管护人员（Mech₄）、农民参与（Mech₅）变量组成；Inve 表示管护资金投入变量；Cond 表示管护行为措施变量，由日常巡查（Cond₁）、损毁劝阻（Cond₂）、设施修复（Cond₃）、纠纷调处（Cond₄）变量组成；c_0 表示常数项；α、β、γ、λ 表示待估计的变量系数；ε 表示随机扰动项。模型变量及定义详见表5.6。

表5.6 管护绩效影响机理模型变量

变量	定义	最小值	最大值	均值	标准差
被解释变量					
管护绩效（Perf）		10	50	35.620	5.583
解释变量					
1. 制度结构类变量					
1）制度约束变量					
组织结构（Cons₁）	管护组织结构的完善程度	1	5	2.985	0.864
管护制度（Cons₂）	管护制度的规范程度和完善程度	1	5	2.886	0.962
外部监督（Cons₃）	外部监督制度的规范程度和完善程度	1	5	2.613	0.993
2）实施机制变量					
管护主体（Mech₁）	管护责任主体的明确程度	1	5	3.308	0.995
管护客体（Mech₂）	管护对象的明确程度	1	5	3.515	0.827
管护目标（Mech₃）	管护工作具体任务和目标的明确程度	1	5	3.341	0.877
管护人员（Mech₄）	管护工作人员的明确程度	1	5	3.131	1.062
农民参与（Mech₅）	农民参与管护的积极程度	1	5	3.470	1.028
2. 管护行为类变量					
1）管护资金投入变量					
管护资金投入（Inve）	管护资金投入的充足程度	1	5	2.656	0.998
2）管护行为措施变量					
日常巡查（Cond₁）	巡查频率的合理程度、设施隐患发现的及时性	1	5	3.169	1.042
损毁劝阻（Cond₂）	对设施人为损毁行为进行规劝和制止的及时性与有效性	1	5	3.210	0.938
设施修复（Cond₃）	对设施进行结构和功能修复的及时性与有效性	1	5	3.253	1.032
纠纷调处（Cond₄）	对因设施使用造成的纠纷进行调解或处理的及时性和有效性	1	5	3.318	0.895

注：表中解释变量的赋值规则是"1=非常低，2=比较低，3=一般，4=比较高，5=非常高"

采用 STATA 14 软件对 581 个观测样本值进行"反向淘汰"逐步回归分析，即先假设全部变量进入模型，然后逐步剔除具有最高 t 概率的预测变量，以确保回归系数在 5%统计水平上显著不等于 0 的变量被保留在模型中。回归结果如表 5.7 所示。

表 5.7 OLS 回归结果

变量	系数	稳健标准误	t	p	VIF
$Cons_1$	0.643	0.273	2.20	0.029	1.42
$Mech_4$	0.504	0.236	2.13	0.033	1.76
$Mech_5$	1.108	0.259	4.27	0.000	1.62
Inve	0.987	0.221	4.45	0.000	1.27
$Cond_2$	1.031	0.289	3.57	0.000	1.57
常数	22.346	0.970	23.04	0.000	

结果显示，OLS 回归方程 F 统计值为 42.00（$p=0.000<0.001$），调整 R^2 为 0.268，整体模拟效果良好，最终模型中共有 $Cons_1$、$Mech_4$、$Mech_5$、Inve、$Cond_2$ 5 个变量通过 5%显著性水平的统计检验。为了消除潜在的异方差可能性，表 5.7 采用稳健标准误代替标准误参数，同时，VIF 值显示多元线性回归方程中 5 个显著变量不存在多重共线性。本节对回归结果的详细解释如下。

（1）制度约束对管护绩效产生正向影响。在代表制度约束的各变量中，组织结构（$Cons_1$）对绩效结果呈现显著的正向影响（$p=0.029<0.05$），管护制度（$Cons_2$）和外部监督（$Cons_3$）影响不显著。这表明对受访农户而言，规范和完整的管护组织结构是开展农地整理项目建后管护的重要保障，内部管护制度和外部监督制度只有在管护组织结构完善的基础上才能发挥作用。管护组织是为了实现管护任务、提升管护绩效等共同目标而形成的团队，相对于反映各种行为规则的内部和外部约束，农民更加偏好一个组织有序、人事健全、效用明显的管理机构。

（2）制度的实施机制对管护绩效产生正向影响。制度依赖于实施机制发挥其约束作用，管护制度只有通过实施机制才能实现其经济绩效。实证结果表明管护人员（$Mech_4$）和农民参与（$Mech_5$）将会对管护绩效产生显著的积极影响，即农民认为农地整理建后管护的实施主要依靠管护人员（$p=0.033<0.05$）和农民参与（$p=0.000<0.001$）；职责明确的管护工作人员和积极参与的普通农民是提高管护绩效的重要基石。从回归系数来看，农民参与对绩效水平的贡献要高于管护人员；相对而言，管护主体、管护对象、管护目标要素明确程度对管护绩效的影响并不显著。

（3）管护资金投入对管护绩效产生正向影响。管护资金投入是管护行为的重要组成,并且是管护绩效的主导因素之一。计量结果显示,管护资金投入(Inve)将显著影响管护绩效水平($p=0.000<0.001$)。受访农民基于个体的生活经验和工作经历容易达成共识,即在资金投入充足的前提下管护人员和参与农民更加容易得到激励,确保各类设施结构完好性与功能正常发挥的管护目标也更加容易实现。

(4) 管护行为措施变量对管护绩效产生正向影响。在日常巡查、损毁劝阻、设施修复、纠纷调处四项日常管护措施中,损毁劝阻($Cond_2$)对管护绩效水平的影响程度最为显著($p=0.000<0.001$)。在田野调查中农民认为,日常巡查的主要功能是收集信息、提供高质量的决策依据,纠纷调处的主要功能是调整人际关系、增进社区和谐,两者对管护绩效的影响路径相对间接。设施修复涉及人、财、物等多种类型资源,实施难度大、周期长,因此,对设施损毁行为的及时劝阻是管护中效率较高的行为措施。通过比较回归系数可以发现,损毁劝阻($Cond_2$)对管护绩效的贡献程度略高于管护资金投入(Inve)。

OLS 是单一方程线性回归模型的经典估计方法,其目标是寻求样本数据的残差(拟合误差)平方和最小,本质上属于一类"均值回归",并且极易受极端值的影响。分位数回归使用残差绝对值的加权平均作为最小化的目标函数,不易受极端值的影响,分析结果更加稳健(陈强,2014)。鉴于分位数回归的优势,结合研究区域管护绩效的核密度曲线分布规律(图5.1),在运用 OLS 回归得到制度结构类因素和管护行为类因素影响规律的基础上,采用分位数回归模型进一步研究两类因素对管护绩效分布规律的影响机理。

$$Q_\theta(\text{Perf}|X) = X'\omega(\theta) \quad (5.9)$$

式中, X 表示解释变量的向量, $X=(\text{Cons}_1, \text{Mech}_4, \text{Mech}_5, \text{Inve}, \text{Cond}_2)$,即取表5.7中通过显著度检验的变量集合;$Q_\theta(\text{Perf}|X)$ 表示给定解释变量 X 的情况下被解释变量 Perf 在第 θ 分位数上的值;$\omega(\theta)$ 表示在第 θ 分位数上的回归系数向量,由最小化绝对离差确定:

$$\omega(\theta) = \arg\min\left\{\sum_{i:\text{Perf}\geq X'\omega(\theta)} \theta|\text{Perf}-X'\omega(\theta)| + \sum_{i:\text{Perf}<X'\omega(\theta)} (1-\theta)|\text{Perf}-X'\omega(\theta)|\right\} \quad (5.10)$$

采用 STATA 14 软件进行分位数回归估计。为获得更详尽的信息,选取 0.1~0.9 共9个分位点,以探讨影响因素在不同绩效水平上对其影响的差异。分位数回归结果如表5.8及图5.2所示。

第五章 农地整理项目建后管护绩效的影响机理

表 5.8 分位数回归结果

解释变量	分位点								
	0.1	0.2	0.3	0.4	0.5	0.6	0.7	0.8	0.9
$Cons_1$	1.526**	0.920	0.425	0.333	0.300	0.500	0.500	0.625	0.500
$Mech_4$	−0.123	0.280	0.250	0.333	0.400	0.250	0.405	0.625	1.000
$Mech_5$	2.667****	1.760****	1.275****	1.000****	0.800****	0.750***	0.595**	0.750**	0.500
$Inve$	0.912	0.600	0.825***	1.000****	1.100****	1.000****	1.071***	1.000***	1.500***
$Cond_2$	1.175	0.960**	1.175****	1.000****	0.900****	1.000****	0.762***	0.375	0.250
常数	9.737****	17.840****	21.630****	23.670****	25.100****	26.000****	27.600****	28.750****	30.250****

、*、****分别表示在 5%、1%、0.1%的统计水平上显著

注：样本数量为 581

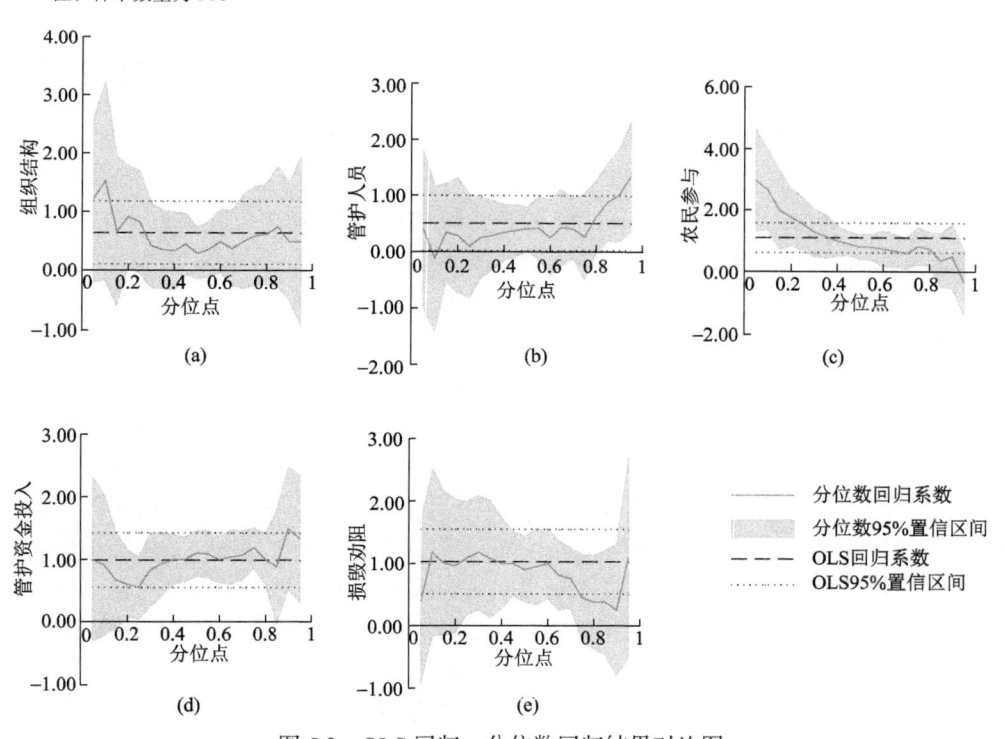

图 5.2 OLS 回归—分位数回归结果对比图

从分位数回归结果可以看出以下内容。

（1）在不同分位点处解释变量对被解释变量的影响程度呈现不同的变化规律。组织结构（$Cons_1$）对管护绩效的回归系数表现为准"U"形曲线：从 0.1 分位点处的 1.526 下降到 0.5 分位点处的 0.300，其后上升到 0.8 分位点处的 0.625，表明在 10%绩效水平处组织结构（$Cons_1$）变量每提高一个单位，管护绩效相应增加

1.526 个单位，随着管护绩效水平的提升，组织结构（Cons₁）对管护绩效的贡献程度持续降低直至到达最低点 50%绩效水平处（贡献率为 0.300），此后贡献率逐步上升最终达到 80%绩效水平处的峰值（0.625）。需要注意的是，尽管 LOS 回归结果中组织结构（Cons₁）的回归系数在 5%水平上通过检验，但分位数回归结果中仅有 0.1 分位点处的回归系数通过同样水平的检验，这也体现了两种回归方法不同的功能指向。

管护人员（Mech₄）对管护绩效的贡献程度的总体趋势随着绩效水平的提升而增加，但在个别分位点处出现波动（0.3 分位点和 0.6 分位点）。这表明相对于低绩效水平，在较高的绩效水平区间变量每提高一个单位，相应的管护绩效提升将更加明显。同样地，管护人员（Mech₄）LOS 回归系数显著，但在分位数回归中却无法得到任何显著的回归系数。

与管护人员（Mech₄）正好相反，农民参与（Mech₅）的总体变化趋势是随着绩效水平的提升而减少，从 0.1 分位点处的 2.667 下降到 0.9 分位点处的 0.500，表明在低绩效水平区间农民参与（Mech₅）的贡献率明显大于高绩效水平区间，在高绩效水平区间试图通过提高农民参与（Mech₅）实现管护绩效提升的效果可能无法令人满意。农民参与（Mech₅）在分位数回归模型中系数在各分位点上基本通过 5%显著度的统计检验（0.9 分位点处例外）。

管护资金投入（Inve）的回归系数在 0.1～0.9 分位点上波动性较强，其趋势可以归纳为在 1.000 的贡献率附近保持小幅度的变动（0.2 分位点和 0.9 分位点处出现较大的异常波动），即增加 1 个单位的管护资金投入（Inve）会提升 1 个单位的管护绩效，分位数回归结果体现了管护资金投入对绩效影响的稳定效应。在系数显著性方面，除了 0.1 和 0.2 以外的分位点上回归系数均通过 1%显著性检验。

损毁劝阻（Cond₂）的回归系数呈现出一种"稳定—下降"的变化态势，即在 0.1～0.6 分位点上对管护绩效的贡献率相对稳定（0.900～1.175），但在 0.7～0.9 分位点上对管护绩效的影响程度不断下降，从 0.762 降到 0.250。损毁劝阻（Cond₂）回归系数的显著性和 OLS 回归结果相对一致，仅在极低（0.1 分位点）和极高（0.8 和 0.9 分位点）绩效水平区间内无法通过 5%的显著性检验。

（2）在不同分位点处管护绩效的影响因素呈现较大的差异特征。在低绩效水平区间（0.1～0.2 分位点），决定管护绩效水平的主导因素是组织结构（Cons₁）、农民参与（Mech₅）、损毁劝阻（Cond₂）变量，此时提升管护绩效的有效途径是完善管护组织的结构、增加农民的参与程度、提高基础设施损毁劝阻的及时性和有效性。考虑到不同变量对管护绩效的贡献率差异，三类影响因素中农民参与（Mech₅）的提高应该是管理部门的工作重点，并且在实践中应注意通过提高农民参与促进管护绩效具有边际报酬递减效应。同时从图 5.2 可以看出，该分位点处农民参与（Mech₅）回归系数的 95%置信区间相对较宽，表明回归系数估计值的标准误变大，分位数回归系数的估计较不准确。

在中绩效水平区间（0.3~0.7 分位点），管护绩效的主要决定因素转变为农民参与（$Mech_5$）、管护资金投入（Inve）、损毁劝阻（$Cond_2$）变量，管理人员应在保证农民参与程度、提高设施损毁劝阻力度的基础上适当加大管护资金的投入，确保经费供给渠道的稳定性。从对管护绩效的贡献来看，管护资金投入（Inve）的贡献率最高，其次为损毁劝阻（$Cond_2$），农民参与（$Mech_5$）最低。同时也要注意，随着该区间内管护绩效的提升，农民参与（$Mech_5$）对管护绩效的贡献能力是不断下降的，管护资金投入（Inve）的贡献能力处于小幅波动，而损毁劝阻（$Cond_2$）的贡献能力大体保持稳定。

在高绩效水平区间（0.8~0.9 分位点），损毁劝阻（$Cond_2$）对管护绩效水平的影响转变为不显著，显著性变量仅保留管护资金投入（Inve）和农民参与（$Mech_5$），而且此时农民参与（$Mech_5$）对管护绩效的贡献能力继续下降，而管护资金投入（Inve）的贡献能力出现了飞跃。从表 5.8 可以看到，在绩效水平最高的 0.9 分位点处仅有管护资金投入（Inve）作为显著影响因素存在且回归系数较 0.8 分位点提高了 50%的贡献能力。管理人员应更加重视管护资金投入（Inve）在高绩效水平区间的积极作用，并且同样要注意管护资金投入（Inve）回归系数的 95%置信区间宽度变化及其对系数估计准确性的影响，进一步调整具体工作思路与实施方案。

六、结论与建议

本节的主要工作是在对农地整理项目建后管护的基本内涵和概念界定的基础上，建立了农地整理项目建后管护绩效的测度量表，基于"结构—行为—绩效"范式分析了管护绩效的影响机理。在理论研究的基础上，根据广西壮族自治区龙州县和河南省邓州市的 581 份调查问卷，依次采用 OLS 回归、分位数回归研究方法开展实证研究。主要研究结论为：①农地整理项目建后管护绩效测度体系涵盖农民对土地平整、灌溉排水、田间道路、农田防护与生态保护、村庄整治五类基础设施管护效果的评价，实证区域管护绩效的均值为 35.620，标准差为 5.583，核密度曲线呈"单峰模式"分布。②验证了"结构—行为—绩效"分析框架的有效性，制度结构和管护行为显著影响农地整理项目建后管护绩效。OLS 回归方程中代表制度约束、实施机制、管护资金投入、管护行为措施的组织结构（$Cons_1$）、管护人员（$Mech_4$）、农民参与（$Mech_5$）、管护资金投入（Inve）、损毁劝阻（$Cond_2$）变量均通过了 5%的显著性检验，且对管护绩效的提升具有正向促进效用。③分位数回归进一步揭示了不同分位点上回归系数及其显著性的变化规律。在低绩效水平区间管护绩效的主要影响因素是组织结构（$Cons_1$）、农民参与（$Mech_5$）、损毁劝阻（Cond₂）；在中绩效水平区间管护绩效主要取决于农民参与（Mech₅）、管护资金投入（Inve）、损毁劝阻（Cond₂）；在高绩效水平区间显著性因素为管护资金投入（Inve）和农民参与（Mech₅）；在绩效水平的两端显著性变量的回归系数估计值较不准确。

由上述研究结论可以得到如下启示：①农民视角下的农地整理项目建后管护绩效评价与农地整理项目农村公共产品供给行为的最终目的之间实现了契合。在对农地整理项目建后管护绩效管理中，若用绩效均值作为单一评价指标则无法完全反映高、中、低水平绩效样本的分布情况，全面分析绩效分位数的统计特征更有助于管理人员掌握管护绩效的分布区间。②在不同绩效水平区间针对性地运用多种管理措施以提升管护绩效。项目区农民是农地整理项目农村公共产品供给的直接利益相关人员，保障农民参与往往是提高管护绩效的有效手段；在具体管护措施上，对农地整理项目基础设施损毁行为的及时劝阻、避免"破窗效应"是管护行为的主要着力点，这在低、中绩效水平区间的作用尤为明显；此外在低绩效水平区间管理人员应重视管护组织结构的完善与规范，在高绩效水平区间需要通过增加管护资金投入促进管护绩效的提升。

第三节 基于结构方程模型和中介效应的管护绩效影响机理

一、研究框架

（一）制度结构

参考诺思（2008）关于制度结构的定义，将管护制度结构分解为正式管护制度与非正式管护制度。正式管护制度是指政府和村民自治组织颁布的管护制度、规章、条例，具有外在的强制约束性。罗必良（2005）认为评判一项正式制度的优劣在于制度与环境的相容程度，主要包括利益相容、激励相容、信息相容。利益相容中不同利益相关者的利益协调越有效，管护制度也越有效；激励相容的本质在于减少农民的机会主义行为，使所有参与者的行为目标一致；信息相容指管护信息提供的完整、有效程度，尽可能使管护制度供给方和需求方实现信息对称。

非正式管护制度是正式管护制度的重要补充，通常表现为与管护相关的传统、风俗、习惯、道德等，对农民的管护行为具有规范作用，但维持其存在和发挥作用的力量来自集体内部的相互模仿、学习及外部舆论压力，缺乏有约束力的执行机制（王文贵，2007）。只有当非正式管护制度与农民的需求一致时，非正式管护制度才能得以长期延续，其内在的激励与约束作用才能充分发挥。马斯洛的需求层次理论将人的需要从低到高依次分为生理需求、安全需求、社交需求、尊重需求和自我实现需求五个层次。考虑到当前我国绝大部分农民的温饱和安全问题基本得到解决，生理需求和安全需求不纳入研究范畴。

（二）管护行为

依据工作场所理论，管护行为作为一种工作行为，可分为角色内行为、角色外行为和越轨行为（Rotundo and Sackett，2002；Viswesvaran and Ones，2000）。角色内行为一般被认为是管护组织（如村委会、农村经济组织等）对管护人员正常的工作要求，是管护制度中明确指出的与工作职责相关的行为，通常包括设施维护、纠纷调处、破坏劝阻及日常巡查维护项目区正常运行的基础性工作。角色外行为是指超出管护人员工作职责所要求，与奖惩标准无关、对农地整理建成设施有积极作用的自愿行为。结合研究区域的管护现状，借鉴Farh等（1997）关于组织公民行为的五个维度来对角色外行为进行刻画，分别是：①认同组织——积极参加与管护相关的会议，并为改善管护现状而积极献策；②协助同事——乐于与其他村民开展管护合作；③敬业守法——自觉遵守各项管护制度；④人际和谐——与村民和睦相处；⑤保护组织资源——不将集体的管护资源挪为私用。越轨行为是故意违背管护制度，从而对农民或农地整理建成设施产生危害的行为。经实地调查可知，调研区域故意损坏管护设施和将管护资源挪为私用的行为基本不存在，因此，本节不予考虑。

（三）制度绩效

农民利益是管护制度的出发点和落脚点，结合瞿忠琼和濮励杰（2006）关于制度绩效的内涵，将管护制度绩效界定为农民对管护制度功能实施的满意程度。本章对2000～2016年由政府部门颁布的55份具有约束力的农地整理项目建后管护文件进行梳理，根据频数大小，从中依次提取出管护主体、管护措施、管护资金、监督考核、管护宣传等关键词。依据管护流程将以上关键词归纳为管护投入、监督考核两大类，通过问卷调查直接询问村民对其的满意程度。其中，管护投入包括管护宣传形式和宣传内容的丰富合理程度、管护主体选择方式的公正透明程度及其责任履行程度、管护资金分配与账户管理的公开合理程度；监督考核主要由管护监督的频率及其整改情况、管护考核频率、考核程序、奖惩力度方面的合理程度来体现。

二、数据来源

华中农业大学公共管理学院研究人员于2016年8月24～25日及10月1～4日对湖北省嘉鱼县、阳新县、洪湖市、荆门市荆州区的农地整理项目建后管护情况进行了随机调查。嘉鱼县和阳新县于2012年分别出台《进一步加强土地整治项目后期管护工作的通知》《阳新县土地整治占补平衡项目后期管护暂行办法》，对管护责任人、管护资金管理、监督考核等制度要素进行了清晰的规定。洪湖市和荆门市荆州区与上述区域的气候条件、作物种类相似，尽管没有出台专门的正式管护制度，但在当地农业传统、习俗的指导下，仍然开展了有序的建后管护并取得了较好的管护效果。

此次调研共获得样本599份，含有效样本568份，样本有效率为94.82%。其中，正式管护制度实施区域248份（嘉鱼县新街镇73份，潘家湾镇71份；阳新县白沙镇104份），未实施区域320份（荆门市荆州区川店镇25份，马山镇34份，纪南镇32份，八岭山镇36份，李埠镇31份；洪湖市老湾回族乡115份，龙口镇47份）。根据"结构—行为—绩效"范式，结合被调查区的现状，问卷共选取个体特征变量、制度结构变量、管护行为变量、制度绩效变量4大类29个变量：①个体特征变量中，$x_1 \sim x_5$信息直接通过面对面询问村民获取。②制度结构变量中，正式制度由$s_{11} \sim s_{13}$变量反映，体现了正式制度的激励与约束作用；非正式制度由$s_{21} \sim s_{23}$变量反映，体现了非正式制度的激励与约束作用。③管护行为变量中，角色内行为由$c_{11} \sim c_{14}$变量反映，体现了管护人员对分内工作的完成程度；角色外行为由$c_{21} \sim c_{24}$变量反映，体现了管护人员对分外工作的完成程度。④制度绩效变量中，管护投入由$p_{11} \sim p_{16}$变量反映，体现了管护人员配备及资金管理的合理程度；管护监督考核由$p_{21} \sim p_{24}$变量反映，体现了管护监督机制与管护考核机制的合理程度。样本基本情况及主要变量含义见表5.9和表5.10。

表5.9 样本基本情况

个体特征变量	正式管护制度实施区域（N=248）	正式管护制度未实施区域（N=320）	全部实证区域（N=568）
男性比例 x_1	58.06%	54.69%	56.16%
平均年龄 x_2/岁	54.42	56.75	55.73
学历为初中及以上比例 x_3	55.65%	48.13%	51.41%
村干部比例 x_4	1.21%	1.25%	1.23%
健康程度一般及以上比例 x_5	97.18%	91.88%	94.19%

表5.10 变量含义及描述性分析

目标层	准则层	指标层	指标解释	均值	标准差
制度结构 S	正式制度 S_1	获得收益 s_{11}	利益相关者是否获得对应的收益	3.896	0.822
		管护监督 s_{12}	外部管护监督的有效程度	2.614	0.951
		经费公开 s_{13}	管护经费公开程度	2.150	0.920

续表

目标层	准则层	指标层	指标解释	均值	标准差
制度结构 S	非正式制度 S_2	影响交情 s_{21}	是否同意不开展管护会影响亲友关系	3.620	1.003
		降低尊重 s_{22}	是否同意不开展管护会降低在村内受尊重的程度	3.659	0.985
		影响声誉 s_{23}	是否同意不开展管护会影响在村内的声誉	3.662	0.966
管护行为 C	角色内行为 C_1	设施维护 c_{11}	管护人员进行设施维护的及时、有效程度	2.951	1.070
		纠纷调处 c_{12}	管护人员进行纠纷调处的及时、有效程度	3.021	1.039
		破坏劝阻 c_{13}	管护人员进行破坏劝阻的及时、有效程度	3.035	1.045
		日常巡查 c_{14}	管护人员进行日常巡查的及时、有效程度	3.001	1.078
	角色外行为 C_2	决策参与 c_{21}	是否积极为建后管护建言献策	1.928	0.259
		人力分摊 c_{22}	是否愿意分摊人力开展管护工作	3.875	0.949
		制度遵守 c_{23}	村民对管护制度的遵守程度	3.460	0.977
		人际和谐 c_{24}	管护人员与村民交往的和睦友好程度	3.644	0.909
制度绩效 P	管护投入 P_1	宣传形式 p_{11}	管护宣传形式的丰富多样程度	2.893	1.076
		宣传内容 p_{12}	管护宣传内容的准确及时度	2.879	1.034
		主体选择 p_{13}	管护主体选择方式的公正合理程度	2.945	1.062
		责任履行 p_{14}	管护主体责任与义务的履行程度	2.965	1.082
		账户管理 p_{15}	对管护资金账户管理的满意程度	2.461	0.951
		资金分配 p_{16}	对管护资金分配情况的满意程度	2.512	0.996
	管护监督考核 P_2	整改情况 p_{21}	对管护整改情况的满意程度	2.903	1.057
		考核频率 p_{22}	对管护考核频率的满意程度	2.778	1.046
		考核程序 p_{23}	对考核程序公正合理性的满意程度	2.806	1.065
		奖惩力度 p_{24}	对考核结果奖惩力度的满意程度	2.775	1.042

注：变量 s_{11}、$s_{21}\sim s_{23}$ 赋值规则为"1=不赞同，2=不太赞同，3=一般，4=比较赞同，5=非常赞同"；变量 s_{12}、s_{13}、$c_{23}\sim c_{24}$ 赋值规则为"1=非常低，2=比较低，3=一般，4=比较高，5=非常高"；变量 $c_{11}\sim c_{14}$、$p_{11}\sim p_{16}$、$p_{21}\sim p_{24}$ 赋值规则为"1=不满意，2=不太满意，3=一般，4=比较满意，5=非常满意"；变量 c_{21} 赋值规则为"1=是，2=否"；变量 c_{22} 赋值规则为"1=不愿意，2=不太愿意，3=一般，4=比较愿意，5=非常愿意"。

三、影响路径研究

（一）基本模型

结构方程模型（structure-equation-model，SEM）不仅可以测量潜变量与观察变量之间的关系，还可以检验潜变量与潜变量之间的关系（吴明隆，2010），因此，本节选择结构方程模型来分析农地整理项目建后管护制度结构对制度绩效的影响路径和影响程度，并测算各潜变量与相应观察变量之间的因子载荷。本节借鉴"结构—行为—绩效"范式构建了制度结构—管护行为—制度绩效关系图（图5.3）。结构方程模型由测量模型和结构模型组成。测量模型用于衡量潜变量与其观察变量之间的关系。图 5.3 中测量模型由三个部分构成：第一部分是反映制度结构的二阶模型，由正式制度、非正式制度外因潜变量及其外因观察变量与制度结构组成；第二部分是反映管护行为的二阶模型，由角色内行为、角色外行为外因潜变量及其外因观察变量与管护行为组成；第三部分是反映制度绩效的二阶模型，由管护投入、管护监督考核内因潜变量及其内因观察变量与制度绩效组成。

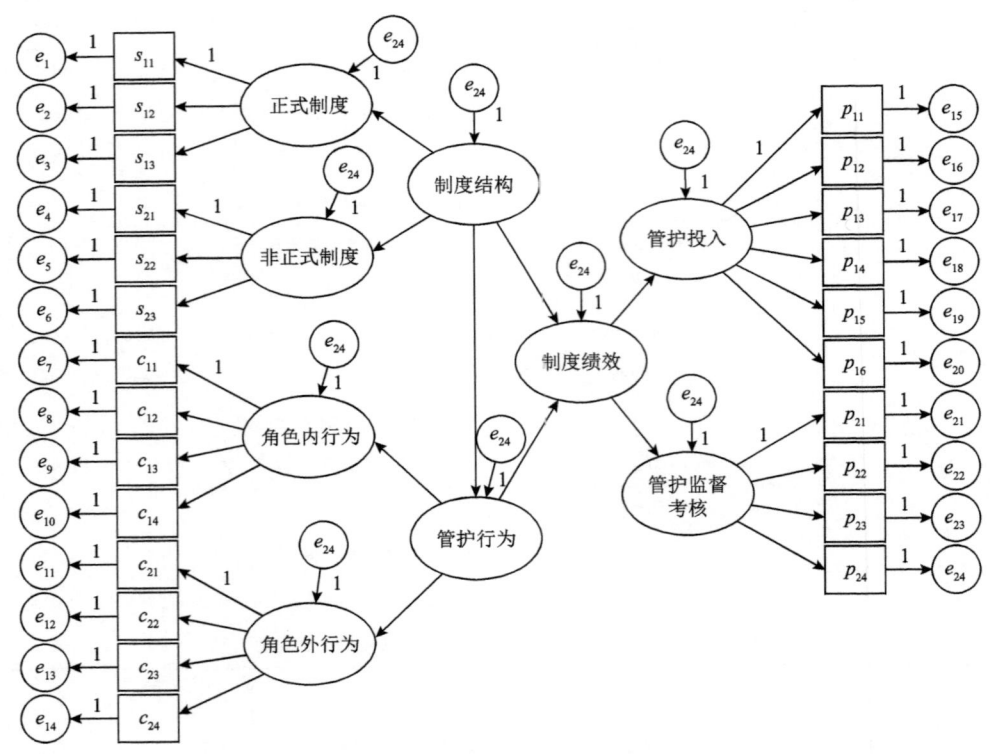

图 5.3 制度结构—管护行为—制度绩效关系图

（二）模型检验与修正

本节采用 SPSS 中的克伦巴赫系数来测量问卷数据的信度。当克伦巴赫系数高于 0.7 时，表明信度良好。本节数据整体信度为 0.939，制度结构、管护行为、管护绩效的信度分别为 0.756、0.809、0.940，数据通过信度检验。

本节采用 SPSS 进行因子分析，结果显示 KMO 检验值为 0.930，巴特利特

(Bartlett)球形检验值为 0.000，表明样本数据适合进行因子分析。提取 6 个主成分后，累积解释方差为 72.054%，表明选取因子的代表性强。采用最大方差法进行正交旋转后，各观察变量在对应潜变量上的主成分值均大于 0.6，样本数据通过效度检验。

本节采用 AMOS 中的偏度（skew）系数和峰度（kurtosis）系数进行正态性检验，当偏度系数小于 2，峰度系数小于 5 时，数据符合正态分布。除 c_{21} 的偏度系数为-3.306，峰度系数为 8.931，其余数据的偏度系数和峰度系数的绝对值均小于 1，即 c_{21} 不服从正态分布，违反了使用极大似然法进行估计的要求，故将其剔除。

本节借鉴已有研究成果，利用 AMOS 中的相关指标检验模型的适配度，结果显示 χ^2/df、标准化残差均方和平方根（standardized root mean square residual，SRMR）、渐进残差均方和平方根（root mean square error of approximation，RMSEA）、增值适配指数（incremental fit index，IFI）、非规准适配指数（Tacker-Lewis index，TLI）、比较适配指数（comparative fit index，CFI）指标不合乎标准。依据修正指数（modification indices）从大至小依次增列 $e_9 \leftrightarrow e_8$、$e_{20} \leftrightarrow e_{21}$、$e_{16} \leftrightarrow e_{17}$、$e_4 \leftrightarrow e_3$、$e_4 \leftrightarrow e_1$、$e_4 \leftrightarrow e_2$ 误差项共变关系，直至模型的适配度通过检验。模型适配度指标如表 5.11 所示。

表 5.11 模型适配度指标

指标	χ^2/df	RMR	SRMR	RMSEA	NFI	IFI	TLI	CFI	PNFI	PGFI
标准	1~5	<0.080	<0.080	<0.080	>0.800	>0.900	>0.900	>0.900	>0.500	>0.500
修正前	6.593	0.072	0.080	0.099	0.837	0.858	0.840	0.858	0.745	0.763
修正后	4.444	0.067	0.071	0.078	0.900	0.921	0.909	0.921	0.783	0.801

注：RMR 为残差均方和平方根（root mean square residual），NFI 为规准适配指数（normed fit index），PNFI 为简约调整后的规准适配指数（parsimony-adjusted normed fit index），PGFI 为简约适配度指数（parsimony goodness-of-fit index）。

（三）模型结果分析

模型结果显示，估计参数的误差、方差值均为正且在 1%的统计水平显著，其标准误差估计值均很小，数值为 0.01~0.05，表明无模型界定错误的问题。各潜变量与其观察变量之间的标准因子载荷均小于 0.95，且其标准误差都很小（0.03~0.18），表明模型适配合理。除参照变量的显著程度无法统计，其他各潜变量与其次阶潜变量及其观察变量之间的路径系数均为正数，且达到 1%的显著性水平，这与本节的理论分析一致。

管护行为与制度结构、制度绩效与管护行为之间的标准路径系数分别为 0.94、0.82，表明合理的管护制度结构影响农民的管护行为，农民的管护行为制约制度的实施绩效,验证了"结构—行为—绩效"范式的有效性,也与赵微和吴诗嫚(2016)的研究结果保持一致。同时可知制度结构对制度绩效的间接影响程度（0.94×0.82=0.77）高于直接影响程度（0.15）。

正式制度与非正式制度共同构成了管护的制度结构,并对制度结构产生影响,二者在管护制度结构的因子载荷分别为 0.87、0.61,表明正式制度是管护制度结构的主要构成部分；社区农民的社交压力、尊重需求及自我实现的需要等非正式制度是管护制度结构的重要组成部分。图 5.4 中表征非正式制度的影响交情 s_{21}、降低尊重 s_{22}、影响声誉 s_{23} 的因子载荷（载荷值分别为 0.88、0.87、0.91）远远高于表征正式制度的获得收益 s_{11}、管护监督 s_{12}、经费公开 s_{13}（载荷值分别为 0.54、0.51、0.34）,因此,非正式制度类变量对管护制度结构的总效应更高。

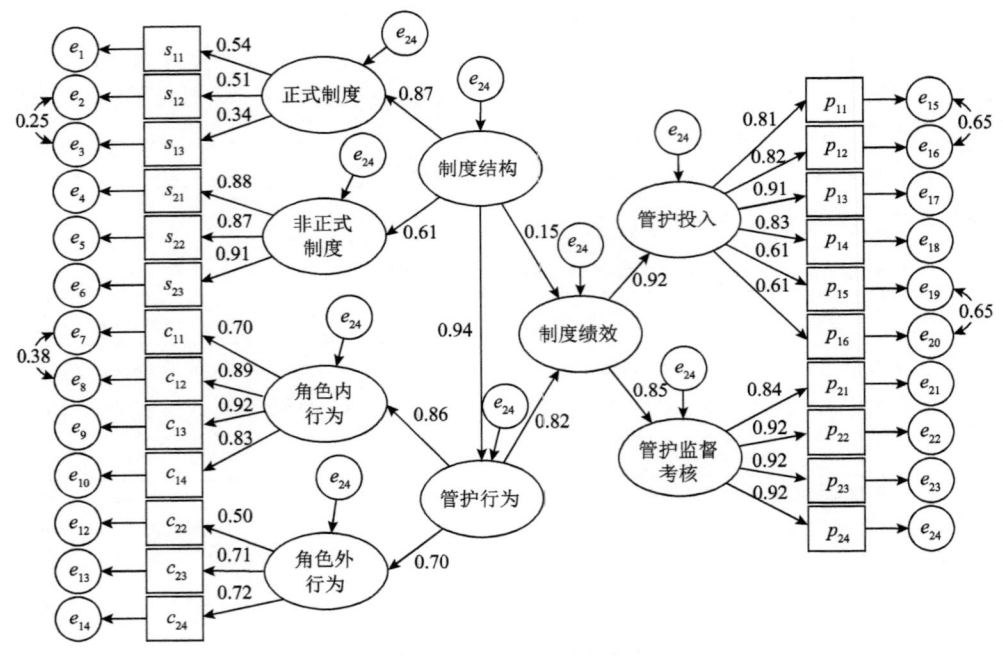

图 5.4　修正后的路径系数图

管护行为中,角色内行为的路径系数（0.86）高于角色外行为的路径系数（0.70）,表明田块与田埂工程、灌溉与排水工程、机耕道与人行道工程、农田防护林工程、村庄工程等农村基础设施管护职责的正常履行对管护行为的影响更大。体现角色内行为的设施维护 c_{11}、纠纷调处 c_{12}、破坏劝阻 c_{13}、日常巡查 c_{14} 的因子载荷（载荷值分别为 0.70、0.89、0.92、0.83）明显高于体现角色外行为的人力分摊 c_{22}、制度遵守 c_{23}、人际和谐 c_{24} 的因子载荷（载荷值分别为 0.50、0.71、0.72）,因此,角色内行为类变量对管护行为的总效应更大（表 5.12）,表明基础管护工作的合理有序推进有利于社区农民管护行为的优化。

表 5.12　各观察变量对相应潜变量的标准总效应（一）

观察变量	制度结构 S	排序	观察变量	管护行为 C	排序	观察变量	制度绩效 P	排序
获得收益 s_{11}	0.47	4	设施维护 c_{11}	0.60	4	宣传形式 p_{11}	0.75	6
管护监督 s_{12}	0.44	5	纠纷调处 c_{12}	0.77	2	宣传内容 p_{12}	0.75	6
经费公开 s_{13}	0.30	6	破坏劝阻 c_{13}	0.79	1	主体选择 p_{13}	0.84	1
影响交情 s_{21}	0.54	2	日常巡查 c_{14}	0.71	3	责任履行 p_{14}	0.76	5
降低尊重 s_{22}	0.53	3	人力分摊 c_{22}	0.35	7	账户管理 p_{15}	0.56	9
影响声誉 s_{23}	0.56	1	制度遵守 c_{23}	0.50	5	资金分配 p_{16}	0.56	9
			人际和谐 c_{24}	0.50	5	整改情况 p_{21}	0.71	8
						考核频率 p_{22}	0.78	2
						考核程序 p_{23}	0.78	2
						奖惩力度 p_{24}	0.78	2

制度绩效中，管护投入、管护监督考核的因子载荷较高且相近，分别为 0.92、0.85，表明管护人员、管护资金等投入越充足合理，管护监督考核越规范，农地整理项目建后管护制度实施绩效越高。从相应观察变量对制度绩效的总效应来看，管护投入类变量与管护监督考核类变量的大小排序并不明显，表明管护制度绩效的提升不仅依靠加大管护资源投入力度，也受外部监督与考核的约束。其中，主体选择 p_{13} 对制度绩效的贡献值（0.84）最高，表明管护主体选择方式越公平合理，农地整理项目建后管护制度绩效越高。

四、中介效应分析

根据研究假设，制度结构既可直接影响制度绩效，也可通过管护行为间接作用于制度绩效。那么制度结构作用于制度绩效的过程中，管护行为是否存在显著的中介效应这一问题有待我们进一步验证。

（一）中介效应模型

若自变量通过某一变量作用于因变量，则该变量为中介变量；依据制度结构—管护行为—制度绩效的内涵可知管护行为 C 为中介变量，制度结构 S 为自变量，制度绩效 P 为因变量。要判断中介变量是否发挥作用需要进行中介效应检验。本节借鉴温忠麟和叶宝娟（2014）的中介效应检验流程，对制度结构关于制度绩效的影响路径中管护行为的中介作用进行检验。具体检验流程如下：

（1）检验制度结构 S 对制度绩效 P 的影响是否显著，若显著，则按中介效应立论；否则，按遮掩效应立论。

（2）检验制度结构 S 对中介变量管护行为 C 的影响是否显著和中介变量管护行为 C 对制度绩效 P 的影响是否显著。若回归系数都显著，则中介效应显著。若回归系数中至少一个不显著，则采用自助法（bootstrapping）检验原假设，此时检验结果显著，则管护行为的中介效应显著；否则，检验终止。

（3）检验引入中介变量管护行为 C 后，制度结构 S 对制度绩效 P 的直接效应是否显著。若回归系数不显著，表明制度结构对制度绩效不具有直接效应，只存在完全中介效应。若回归系数显著且与（2）中回归系数同号，表明制度结构对制度绩效具有部分中介效应；否则，为遮掩效应。

（二）权重测度

为了使数据符合上述检验的要求，需要计算每个指标的权重，以便获得制度结构 S、管护行为 C、制度绩效 P 的测量值。权重测度方法通常分为主观权重法和客观权重法，主观权重侧重于定性评价，客观权重主要依靠数据本身信息。为了规避单一权重测度的片面性，本节采用主客观组合权重法确定每个指标的权重。

（1）主观权重。通过 1~9 标度法对各个指标的重要性进行两两比较，构建判断矩阵，并计算其最大特征值 λ_{max} 和特征向量 w，将特征向量归一化后进行一致性检验。

（2）客观权重。计算各指标的变异系数，再对各指标的变异系数进行归一化处理即可得到客观权重 w_{2j}。

（3）组合权重。运用最小相对信息熵原理，将层次分析法和变异系数法合并生成指标测度的组合权重。其计算公式为

$$w_j' = \sqrt{w_{1j}w_{2j}} \bigg/ \sum_{j=1}^{m}\sqrt{w_{1j}w_{2j}} \qquad (5.11)$$

（三）中介效应模型结果

本节采用 SPSS 17.0 的线性回归模块进行管护行为的中介效应检验。在计量时，考虑到管护行为和制度绩效有可能受到其他因素的影响，为避免内生问题，将调查对象的性别 $Cont_1$、年龄 $Cont_2$、受教育程度 $Cont_3$、是否为村干部 $Cont_4$、健康程度 $Cont_5$ 作为控制变量引入模型。模型设定如下：①以管护行为 C 为被解释变量，模型 1 以制度结构 S 为解释变量；②以制度绩效 P 为被解释变量，模型 2 以制度结构 S 为解释变量；模型 3 以制度结构 S 及管护行为 C 为解释变量。鉴于正式管

护制度实施区域与未实施区域在制度结构、管护行为、制度绩效方面存在差异,本节也对不同区域农民管护行为的中介效应进行了检验,检验结果如表 5.13 所示。

表 5.13 中介效应模型检验结果

变量	正式管护制度实施区域（N=248）			正式管护制度未实施区域（N=320）			全部实证区域（N=568）		
	模型 1	模型 2	模型 3	模型 1	模型 2	模型 3	模型 1	模型 2	模型 3
	管护行为	制度绩效		管护行为	制度绩效		管护行为	制度绩效	
解释变量									
S	0.623***	0.620***	0.271***	0.563***	0.559***	0.165***	0.579***	0.574***	0.197***
C			0.559***			0.701***			0.652***
控制变量									
Cont₁	−0.061	−0.048	−0.013	0.067	0.026	−0.021	0.015	−0.007	−0.017
Cont₂	−0.089	0.011	0.061	−0.054	−0.080	−0.043	−0.062	−0.032	0.008
Cont₃	−0.016	−0.099*	−0.090**	−0.068	−0.144***	−0.096***	−0.045	−0.123***	−0.093***
Cont₄	−0.019	−0.064	−0.053	−0.007	−0.089*	−0.084**	−0.012	−0.075**	−0.067***
Cont₅	−0.040	0.049	0.071	0.024	0.068	0.051	0.000	0.056	0.056**
F 值	26.589***	30.614***	56.145***	25.767***	28.407***	95.211***	50.934***	55.553***	147.311***

*、**、***分别表示在 10%、5%、1%的统计水平上显著

从 F 值来看,各区域中介效应检验模型均在 1%的统计水平上稳定显著,说明模型设定合理。模型 2 与模型 3 显示,在增加中介变量管护行为后,模型的拟合度（F 值）明显提高,表明模型的解释力度大大提高,农民管护参与的增加对落实管护制度、提升管护制度绩效具有积极意义。

鉴于中介效应模型检验流程的一致性,本节选取全部实证区域的计量结果进行检验分析。根据中介效应的检验过程,将依次检验回归系数的显著性:①模型 2 显示,制度结构对制度绩效的回归系数为 0.574,且在 1%的统计水平上通过显著性检验,表明制度结构的不断完善与优化有利于管护制度绩效的提升。②从模型 1 可以看出,制度结构对中介变量管护行为影响正向且显著（回归系数为 0.579,且通过 1%的显著性检验）,表明合理的管护制度结构有利于激励与约束农民的管护行为,实现管护行为的有序化。模型 3 引入了中介变量后,管护行为对制度绩效的回归系数为 0.652,且在 1%的统计水平上显著,可以判断为中介效应显著。③模型 3 中,制度结构对制度绩效的回归系数为 0.197,且通过 1%的显著性检验,表明制度结构不仅可以通过管护行为正向影响制度绩效,也可直接影响制度绩效。

农民的管护行为具有部分中介效应。

经检验,正式管护制度实施区域与未实施区域中,管护行为中介效应的检验结果与全部实证区域一致,由于篇幅限制,不再赘述。

从制度结构均值来看(表 5.14),正式管护制度实施区域(3.128)略高于正式管护制度未实施区域(2.997),且采用 SPSS 进行制度结构的单因素方差分析可知(表 5.15),正式管护制度实施区域与未实施区域制度结构的组间方差在 1% 的统计水平上显著,不同区域的样本方差不具有同质性。表明正式管护制度的实施对农地整理项目建后管护的制度结构优化有一定积极意义。

表 5.14 制度结构对制度绩效的影响效应

项目	制度结构均值	管护行为均值	制度绩效均值	直接效应	中介效应	总效应	中介效应与总效应比值
正式管护制度实施区域	3.128	3.312	2.830	0.271	0.349	0.620	56.29%
正式管护制度未实施区域	2.997	3.109	2.787	0.165	0.394	0.559	70.48%
全部实证区域	3.056	3.198	2.807	0.197	0.377	0.574	65.68%

表 5.15 单因素方差分析

变量	分组	平方和	自由度	均方差	F 值	显著性
制度结构	组间	2.391	1	2.391	7.619	0.006
	组内	177.636	566	0.314		
	总数	180.027	567			
管护行为	组间	5.761	1	5.761	10.159	0.002
	组内	320.952	566	0.567		
	总数	326.713	567			
制度绩效	组间	0.264	1	0.264	0.362	0.548
	组内	412.301	566	0.728		
	总数	412.565	567			

在管护行为均值方面,正式管护制度实施区域(3.312)略高于正式管护制度未实施区域(3.109),通过单因素方差分析可得,不同区域管护行为之间的差异(0.002)通过了 1% 的显著性检验。表明管护制度对管护行为具有积极影响,表现为管护制度越完善,对农民的管护行为的激励与约束作用越明显。

正式管护制度实施区域制度绩效均值(2.830)略高于正式管护制度未实施区

域（2.787），这与制度结构均值和管护行为均值排序相一致，进一步说明了管护制度结构越完善，农民的管护行为越显著，农地整理项目建后管护制度绩效就越高。但是表 5.15 显示正式管护制度实施区域与未实施区域制度绩效的组间差异没有通过显著性检验，说明两个区域制度绩效的样本方差具有同质性。

从制度结构对制度绩效影响的总效应测算值来看，正式管护制度实施区域（0.620）略高于正式管护制度未实施区域（0.559），两个区域的制度结构对制度绩效的影响程度均高于 0.5，进一步验证了完善合理的管护制度结构对制度绩效提升的重要性。在制度结构对制度绩效的直接效应和中介效应方面，正式管护制度实施区域的直接效应（0.271）高于正式管护制度未实施区域（0.165），正式管护制度未实施区域的中介效应（0.394）高于正式管护制度实施区域（0.349）。此外，在正式管护制度实施区域、未实施区域及全部实证区域中，制度结构对制度绩效的中介效应均高于其直接效应，此测算结果再次说明制度结构 S 主要通过中介变量管护行为 C 作用于制度绩效 P。

研究结果显示，正式管护制度未实施区域和正式管护制度实施区域中，制度结构对制度绩效的中介效应与总效应的比值分别为 70.48%、56.29%。两个区域的比值均高于 50%，验证了制度结构对制度绩效的影响中，管护行为这一中介变量的显著作用。同时，正式管护制度未实施区域的中介效应与总效应比值（70.48%）明显高于正式管护制度实施区域（56.29%），表明不同区域中介变量管护行为影响的差异性较大，正式管护制度未实施区域管护行为的中介效应更明显。

五、结论与建议

本节借鉴新制度经济学的经典"结构—行为—绩效"范式，构建"制度结构—管护行为—制度绩效"的研究框架，基于嘉鱼县、阳新县、洪湖市、荆州区四个地区 568 份农户调研数据，利用结构方程模型和线性回归展开计量，分析了管护制度结构对制度绩效的影响路径和影响效应。得出以下结论：①研究基本验证了"结构—行为—绩效"范式的有效性，制度结构显著影响管护行为，管护行为显著作用于制度绩效。结合路径系数和显著程度可知，将制度结构分解为正式制度与非正式制度，用角色内行为与角色外行为来描述管护行为，采用管护投入和管护监督考核来反映制度绩效的技术路线设计较为合理。②制度结构中，非正式制度类变量贡献更大；管护行为中，角色内行为类变量影响更大；制度绩效中，管护投入类和管护监督考核类变量的贡献排序不明显。影响声誉（s_{23}）、破坏劝阻（c_{13}）、主体选择（p_{13}）观察变量分别对制度结构、管护行为、制度绩效的总效应最大。③利用线性回归模型，验证了制度结构不仅可直接作用于制度绩效，也可通过管护行为间接作用于制度绩效。正式管护制度实施区域、未实施区域及全部实证区域中管护行为的中介效应都显著，且正式管护制度未实施区域管护行为的中介效应高于全部实证区域。

由此本节提出以下对策建议：①基于非正式制度类变量在制度结构中的突出贡献，建议重视非正式制度的激励与约束作用，逐步引导村民形成积极参与管护的惯例，加强管护宣传及村民沟通。利用村内广播、宣传栏等媒介定期进行管护先进事迹宣传和管护破坏行为披露，营造积极的管护舆论氛围，激励农民积极参与管护，减少村民管护行为的不确定性。号召村民协同参与管护，加强社区成员的沟通联系。农村社区的熟人社会特征突出，农民出于自己长期利益（如亲友关系、受尊重程度、声誉情况等）的考虑，通常选择参与管护，降低"搭便车"的机会主义行为，使协同效应得到最大限度发挥。②基于角色内行为对管护行为的巨大影响，建议在完善管护制度结构的同时，加大设施维护、纠纷调处、破坏劝阻、日常巡查管护基础工作的执行力度，尤其是对项目设施破坏行为进行及时劝阻，避免"破窗效应"。加强管护人员技能培训，倡导优秀管护人员进行经验分享，提升管护工作的及时性与有效性，同时，建立管护人员监督考核体系，促进农地整理项目建后管护人员规范化与职业化。③由于主体选择对制度绩效的总效应最大，建议在当前管护人员普遍由干部推荐、指定的基础上，推进管护主体选择方式多元化，如按照"谁经营，谁受益，谁负责"的原则将土地承包经营人确定为管护责任人，或者在有基础的地区引入市场机制，通过租赁、拍卖、承包等方式落实管护主体，同时增强对管护主体选择过程的有效监督，提高管护主体选择方式的公正、公平、公开程度，充分调动农民参与管护的积极性与主动性，提升管护制度绩效。

第四节　基于公共部门绩效管理的管护绩效影响机理

一、研究框架

绩效棱柱模型是面向绩效管理的三维框架模型，用三维棱柱的五个柱面（组织战略、业务流程、组织能力、利益相关者贡献、利益相关者满意）表示影响绩效的关键要素，模型创新在于既强调利益相关主体的价值取向，又测量利益相关主体的贡献，还关注利益相关主体的主观满意程度（Neely and Adams，2003）。贾云洁和王会金（2012）认为，价值取向是绩效研究的灵魂，绩效研究应坚持公民导向的价值定位，以公民需求为公共服务的逻辑出发点，设计满足公民需求和以公民满意为目标的公共服务战略与理念，匹配相应的服务流程和能力，获得公民对政府提供公共服务的支付和贡献，最终实现公民满意的善治政府。倪星和余琴（2009）提出，绩效研究的基本科学规律是"价值取向指引指标体系，指标体系支撑评估体系",通过深入分析绩效棱柱模型的比较优势构建反映地方政府绩效研究的综合分析框架。彭兰香等(2015)在运用绩效棱柱模型时提出,利益相关者贡献是指政府部门提出的要求,利益相关者满意是指利益相关者提出的愿望和需求,组织战略是指为实现组织目标而采取的方针、政策和措施,业务流程是指组织战略得以实施的规程和时序,组织能力是指组织提供的人力、实践、技术等主观和客观条件。可以看出,绩效棱柱模型凭借其理念上的先进性和方法上的创新性,已经在公共治理领域研究里得到了富有成效的运用。

农民是农地整理管护行为的核心利益相关者。根据公共部门绩效评估的主体构建的基本原则(卓越,2004),将受益农民作为评估主体开展农地整理项目建后管护绩效研究。在绩效棱柱模型分析框架下,农地整理项目建后管护绩效的主要影响因素可分为以下五类(图5.5)。

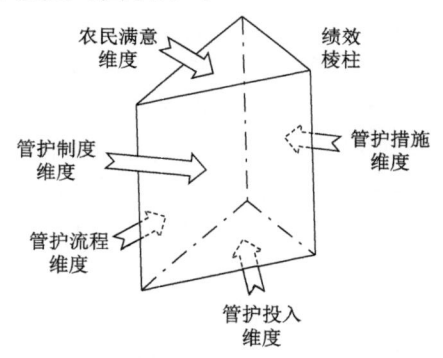

图 5.5 管护绩效的影响因素分析

(1) 管护制度维度。制度设计与安排的目的是引导个人信念和价值准则,激励和约束管护人员的行为准则,反映管护的战略理念与发展方向,是绩效棱柱模型设计的核心要素。管护制度维度的重要因素有管护制度是否完善(制度完善 x_{11})、管护制度是否执行与实施(制度执行 x_{12})、管护是否接受有效的外部监督(外部监督 x_{13})。

(2) 管护流程维度。战略理念决定流程设置,管理流程支持战略举措。农地整理管护流程驱动管护措施并决定管护服务的水平,高质量的管护绩效来源于良好的管护流程。管护流程维度的考察对象既涉及流程体系也涉及各业务环节,包括流程体系的清晰程度(流程清晰 x_{21})、决策过程的复杂程度(决策环节 x_{22})、管护任务的执行程度(执行过程 x_{23})、任务执行过程中多方协调与合作程度(协调合作 x_{24})因素。

(3) 管护投入维度。绩效棱柱模型开发的初衷是基于企业绩效评估的经验总结,为绩效评价框定一个基本的维度范式和理念(贾云洁和王会金,2012)。运用绩效棱柱模型开展农地整理项目建后管护绩效研究,必须结合公共部门的管理特征进行必要调整。本节将经典绩效棱柱模型中组织能力维度改进为管护投入维度，即用管护组织的资金和人力投入程度代替企业的组织能力与经营能力。管护投入维度包括资金投入程度（资金投入 x_{31}）、劳力投入程度（劳力投入 x_{32}）、管护劳力的技能熟练程度（管护技能 x_{33}）因素。

（4）管护措施维度。管护措施维度对应利益相关者贡献。按照农村社区的非正式制度，农地整理管护区的受益农民有义务参与管护以维持基础设施和设备的可持续利用。在管护成为集体行为的前提下，管护措施维度包括宣传工作（宣传工作 x_{41}）、日常巡查（日常巡查 x_{42}）、调解处理村民纠纷（纠纷调处 x_{43}）、制止损毁行为（损毁制止 x_{44}）、设施及设备维护修复（维护修复 x_{45}）的及时性和有效程度主要因素。

（5）农民满意维度。广大农民是农地整理管护服务的"顾客"，追求农民的满意程度体现了绩效棱柱模型满足利益相关者基本需求的价值取向，凸显了农民在利益相关群体中的主体地位。从农地整理的管护功能出发，将农民满意维度分解成管护后粮食产量增加的满意程度（粮食增产 x_{51}）、管护后生活便利提升的满意程度（生活便利 x_{52}）、管护后人居环境改善的满意程度（环境改善 x_{53}）因素。

可以看出，农地整理项目建后管护绩效研究坚持与农民利益需求导向耦合，通过管护制度的供给进行价值准则的引导和行为准则的规范，依据内隐的管护理念设置清晰流畅的管护流程，并保障相应的管护投入和管护措施，其最终目标是实现农民满意度的提升。其中，管护制度维度、管护流程维度、管护投入维度、管护措施维度从管护过程评估管护绩效，农民满意维度则从管护结果评估管护绩效，绩效棱柱模型在农地整理绩效研究领域的应用实现了过程绩效和结果绩效的有机结合。基于绩效棱柱模型构建了包含 5 个维度、18 个重要影响因素的农地整理项目建后管护绩效分析框架，各因素之间存在严密的逻辑关系，为绩效研究提供了明晰的分析路径。

二、数据来源

湖北省是全国 13 个粮食主产区之一，近年来湖北省大力推动农地整理项目实施，在确保粮食安全、促进社会经济发展、统筹城乡发展等方面取得了良好的效果。研究区域选择湖北省荆门市下辖的钟祥市和黄冈市下辖的团风县，两地分属鄂中江汉平原和鄂东大别山南麓山区域，资源禀赋、经济水平差异较大，在农地整理及其管护方面具有一定的典型性。研究人员分别于 2015 年 12 月 27~28 日、2015 年 12 月 31 日~2016 年 1 月 4 日和 2016 年 3 月 25~28 日在两个县域内随机选择农地整理管护区域的 7 个镇共 34 个村开展问卷调查。最终获得有效问卷 406 份，其中，钟祥市有效问卷 202 份，团风县有效问卷 204 份。农地整理管护绩效影响因素的统计特征见表 5.16。

表 5.16 农地整理管护绩效影响因素的统计特征

变量名称	含义	均值	标准差
管护绩效（Perf）	农地整理管护实施的综合效果评价	3.333	0.979
1. 管护制度			
制度完善（x_{11}）	管护制度的制定与完善程度	2.914	0.953
制度执行（x_{12}）	管护制度的遵守与执行程度	2.872	0.970
外部监督（x_{13}）	管护外部监督的存在与有效程度	2.938	0.967
2. 管护流程			
流程清晰（x_{21}）	管护工作流程的清晰性和简明程度	3.057	0.819
决策环节（x_{22}）	管护决策过程的复杂性和困难程度	2.872	0.788
执行过程（x_{23}）	管护任务执行的针对性和完成程度	2.980	0.976
协调合作（x_{24}）	管护任务执行的人员协调与合作程度	3.071	0.859
3. 管护投入			
资金投入（x_{31}）	管护资金投入的充足程度	2.650	0.930
劳力投入（x_{32}）	管护劳力投入的充足程度	2.722	0.913
管护技能（x_{33}）	管护人员工作技能的熟练程度	2.975	0.875
4. 管护措施			
宣传工作（x_{41}）	管护中宣传工作的及时性和有效程度	2.973	0.952
日常巡查（x_{42}）	管护中日常巡查的及时性和有效程度	2.916	1.008
纠纷调处（x_{43}）	管护中调解与处理村民纠纷的及时性和有效程度	3.071	0.873
损毁制止（x_{44}）	管护中制止损毁行为的及时性和有效程度	3.076	0.780
维护修复（x_{45}）	管护中设施和设备维护修复的及时性与有效程度	2.830	1.041
5. 农民满意			
粮食增产（x_{51}）	农民对管护实施后粮食产量增加的主观满意程度	3.663	0.777
生活便利（x_{52}）	农民对管护实施后生活便利提升的主观满意程度	3.862	0.795
环境改善（x_{53}）	农民对管护实施后人居环境改善的主观满意程度	3.802	0.821

注：①管护绩效赋值规则为"1=非常差，2=比较差，3=一般，4=比较好，5=非常好"；②管护制度、管护流程、管护投入、管护措施的赋值规则为"1=非常低，2=比较低，3=一般，4=比较高，5=非常高"；③农民满意的赋值规则为"1=非常不满意，2=比较不满意，3=一般，4=比较满意，5=非常满意"

三、有序 Logistic 回归模型

Logistic 回归模型因其无需假定变量之间的线性关系，对变量分布的正态性及方差齐次性没有严格要求，并能计算概率事件发生的优势比等方面的特征成为经济计量领域的经典模型。考虑到本节农地整理项目建后管护绩效赋值的有序性和多值选择性，采用有序 Logistic 回归模型分析管护绩效的影响因素。

$$\ln(\phi/(1-\phi)) = a + \sum_{j=1}^{3}\beta_{1j}x_{1j} + \sum_{j=1}^{4}\beta_{2j}x_{2j} + \sum_{j=1}^{3}\beta_{3j}x_{3j} + \sum_{j=1}^{5}\beta_{4j}x_{4j} + \sum_{j=1}^{3}\beta_{5j}x_{5j} + \mu \quad (5.12)$$

式中，ϕ 表示管护绩效 Perf 对应的概率；x_{1j} 表示管护制度类变量；x_{2j} 表示管护流程类变量；x_{3j} 表示管护投入类变量；x_{4j} 表示管护措施类变量；x_{5j} 表示农民满意类变量；β 表示变量的回归系数；a 表示常数项；μ 表示随机扰动项。

运用 STATA 14 软件中的 ologit 命令对上述方程进行回归分析，模型最终的伪 R^2 值为 0.344，最后一次迭代的对数似然值为−350.594，似然比卡方值为 366.86，对应的概率值为 0.000，表明整个方程具有较高的显著度。回归结果如表 5.17 所示。

表 5.17 有序 Logistic 回归模型结果

变量	优势比	标准误	z 统计值	Wald 统计值	p
制度执行（x_{12}）	1.435	0.193	1.870	3.497	0.061*
决策环节（x_{22}）	0.733	0.159	−1.950	3.803	0.051*
执行过程（x_{23}）	1.677	0.175	2.960	8.762	0.003***
劳力投入（x_{32}）	1.602	0.191	2.470	6.101	0.013**
维护修复（x_{45}）	1.570	0.171	2.650	7.023	0.008***
粮食增产（x_{51}）	2.677	0.235	4.200	17.640	0.000***
环境改善（x_{53}）	1.991	0.236	2.920	8.526	0.004***

*、**、***分别表示在 10%、5%、1%的统计水平上显著

注：①Wald 统计值通过 STATA 软件提供的 z 统计值计算得到；②篇幅所限，仅列示通过显著性检验的关键变量

有序 Logistic 回归模型结果基本验证了绩效棱柱模型分析框架的有效性。

（1）管护制度类变量中制度执行（x_{12}）在 10%统计水平上显著影响管护绩效（p=0.061<0.10），其优势比为 1.435，表明在其他条件不变前提下管护制度的执行程度提升时管护绩效相应提升的概率增加 43.5%。管护制度类变量主要由制度特征要素构成，通过激励利益相关主体和约束机会主义行为引导管护的实施，反映内部管护制度和外部监督制度对管护绩效的促进效用。实证结果表明，管护制度是否完善、有效监督制度是否建立等要素对管护绩效的影响程度远低于管护制度是否落实。

（2）管护流程类变量主要反映管护工作的次序安排对管护绩效的影响，从流程体系的清晰程度、决策环节的复杂程度、执行过程的有效性和协调合作性多维度进行诠释。其中，决策环节（x_{22}）和执行过程（x_{23}）两个变量分别在 10%的统计水平和 1%的统计水平上对管护绩效产生显著影响，决策环节的优势比为 0.733（p=0.051<0.10），表明在其他条件不变前提下决策复杂程度提高导致管护绩效提高的概率减少 26.7%（即决策复杂程度提高会导致管护绩效降低）；执行过程的优势比为 1.677（p=0.003<0.01），表明在其他条件不变前提下决策执行有效程度提

高会导致管护绩效提高的概率增加 67.7%。相对于决策环节和执行过程，利益相关主体的协调合作程度及管护流程清晰程度对管护绩效的影响不显著。

（3）管护投入类变量中表现出统计意义的是劳力投入（x_{32}），其回归系数在 5%统计水平上显著不为 0（$p=0.013<0.05$），优势比为 1.602，表明在其他条件不变前提下劳力投入水平提高会导致管护绩效提高的概率增加 60.2%。资金投入和劳力投入是农地整理管护投入的两种主要形式，研究区域调查数据显示受访农民普遍认为劳力投入比资金投入的作用更加直接，管护资金充足程度仅是保障劳力充裕的重要条件。此外，农民在长期农业生产中普遍积累了丰富的、无差异的农业生产技能，因此，管护人员的工作技能并没有成为显著因素。

（4）管护措施类变量涵括管护的主要工作措施：宣传、巡查、调处、制止、维修。回归结果显示，上述变量中仅有维护修复（x_{45}）的回归系数通过了 1%的显著性检验（$p=0.008<0.01$），表明在其他条件不变前提下及时有效地对管护设施及设备开展维护修复有利于管护绩效的提升，相应概率会增加 57.0%（优势比为 1.570）。其余变量对管护绩效的影响未呈现显著的统计学意义。由此可见，尽管所有管护措施的基本职能不同，如宣传工作可以教育、鼓励普通农民参与管护，日常巡查可以及时发现损毁现象，纠纷调处可以化解村民之间的设施、设备使用矛盾，为管护营造良好氛围，损毁制止可及时遏制破坏行为以防设施、设备继续恶化，但损毁设施和设备的维护修复工作仍是管护的基础工作。

（5）农民满意类变量中粮食增产（x_{51}）和环境改善（x_{53}）的回归系数均通过了 1%的显著性检验（$p=0.000<0.01$，$p=0.004<0.01$），两者的优势比分别为 2.677 和 1.991，表明在其他条件不变前提下，农民对粮食生产和环境改善满意度的提高会促进管护绩效提高，其概率增加值分别是 167.7%和 99.1%。回归结果凸显了农民满意类变量的重要性：绩效棱柱模型框架下的绩效研究体现了客观绩效和农民主观满意程度的一致性。需要说明的是，部分基础设施（如田间道路）兼具服务农业生产和提供生活便利的目标，受访农民往往忽视了后者，导致了生活便利（x_{52}）的显著性远远低于其余变量。

此外，Wald 统计值反映了回归模型中自变量对因变量的相对影响程度，表 5.17 显示的七个变量中，贡献度最高的前三个变量为粮食增产（x_{51}）、执行过程（x_{23}）、环境改善（x_{53}），随后依次为维护修复（x_{45}）、劳力投入（x_{32}）、决策环节（x_{22}）、制度执行（x_{12}）。容易看出，管护绩效的贡献度排序为农民满意类变量、管护流程类变量、管护措施类变量、管护投入类变量、管护制度类变量。

四、增强回归树模型

为进一步验证有序 Logistic 回归模型中解释变量的相对影响程度，采用增强回归树模型分析不同变量的贡献度。

增强回归树模型是一种基于分类回归树算法的自学习方法，其特点是通过随机选择和自学习方法产生多重回归树，能提高模型的稳定性和预测精度（Elith et al., 2008）。在运算过程中，多次抽取一定量的随机数据，分析自变量对因变量的影响程度，剩余的数据均用来对拟合结果进行检验，最后对生成的多重回归取平均值并输出结果（Prasad et al., 2006）。增强回归树模型提高了计算结果的稳定性和精度，可以得到某个自变量对因变量影响的贡献度，以及其他自变量不变或取均值的情况下，该自变量与因变量的相互关系（蔡文华等，2012）。已有学者开始将增强回归树模型应用于土地科学研究领域（Chen et al., 2015; 李春林等，2014）。

本节在绩效棱柱模型分析框架内，以管护绩效为因变量，以管护制度、管护流程、管护投入、管护措施及农民满意 5 类共 18 个变量为自变量，调用 Elith 等（2008）编写的 R 语言程序包（gbm package）进行增强回归树分析。程序运行中设置学习速率为 0.001，每次抽取 50%的数据进行分析，50%的数据进行训练，并进行 5 次交叉验证。模型经过 4600 次分形达到最优，平均总偏差为 0.956，平均残差为 0.262；估计交叉验证偏差为 0.386，标准误为 0.019；训练集数据相关性为 0.855，交叉验证相关性为 0.774，标准误为 0.02。增强回归树模型分析结果（表 5.18）表明，粮食增产（x_{51}）和环境改善（x_{53}）的贡献度高达 15.1%和 10.4%，排名分别为第 1 和第 3，排名与有序 Logistic 回归模型排名相同，体现农民满意类变量的重要性；制度执行（x_{12}）的贡献度为 10.2%，排名上升达到第 4；维护修复（x_{45}）、执行过程（x_{23}）、劳力投入（x_{32}）变量的贡献度依次为 6.2%、6.2%、5.8%，排名均出现小幅度下降；决策环节（x_{22}）排名下降幅度较大，以 2.1%的贡献度位列第 13。上述 7 个变量累积贡献率为 56.0%，其中，农民满意类变量贡献度为 25.5%，管护制度类变量贡献度为 10.2%，管护流程类变量合计贡献度为 8.3%，管护措施类变量贡献度为 6.2%，管护投入类变量贡献度为 5.8%。比较贡献度排序结果，可以认为两种模型分析结果相对一致；由于计量经济模型和分类回归树算法的数学原理与实现算法存在较大差异，部分自变量（如 x_{22}）贡献度出现较大偏差。

表 5.18　有序 Logistic 回归模型和增强回归树模型的影响因素排序

影响因素	变量类型	有序 Logistic 回归模型排序	增强回归树模型排序
粮食增产（x_{51}）	农民满意类	1	1
执行过程（x_{23}）	管护流程类	2	6
环境改善（x_{53}）	农民满意类	3	3
维护修复（x_{45}）	管护措施类	4	6
劳力投入（x_{32}）	管护投入类	5	8

第五章 农地整理项目建后管护绩效的影响机理

续表

影响因素	变量类型	有序 Logistic 回归模型排序	增强回归树模型排序
决策环节（x_{22}）	管护流程类	6	13
制度执行（x_{12}）	管护制度类	7	4

注：①增强回归树模型中制度完善（x_{11}）排序第 2，贡献度为 12.5%；生活便利（x_{52}）排序第 5，贡献度为 6.6%；上述变量在有序 Logistic 回归模型中均未通过 10%显著度检验，故未列出。②维护修复（x_{45}）和执行过程（x_{23}）排序并列第 6，贡献度均为 6.2%

图 5.6 表示变量取值变动对管护绩效影响力的变化，相对影响数值大于 0 表示变量与管护绩效之间存在正向相关关系，数值小于 0 表示变量与管护绩效之间存在负向相关关系，数值等于 0 表示两者不存在相关关系。

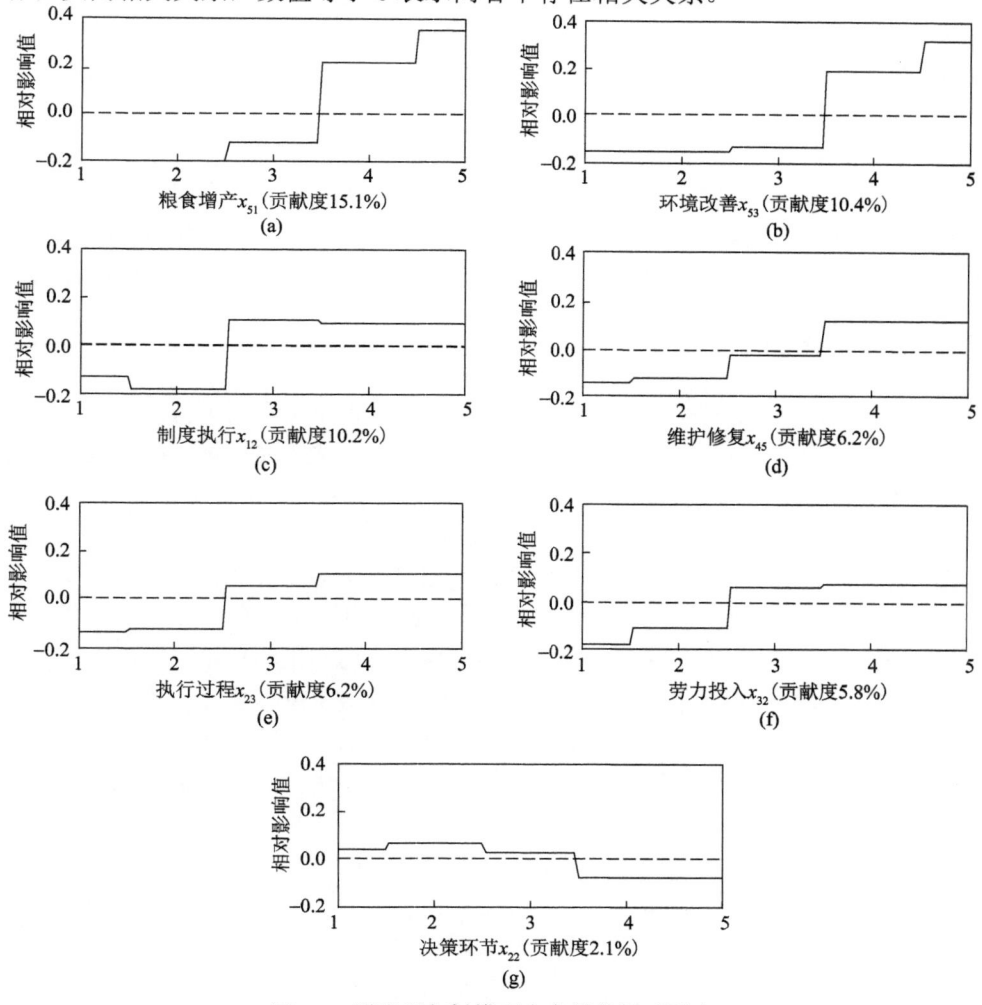

图 5.6 增强回归树模型中变量的相对影响

粮食增产（x_{51}）和环境改善（x_{53}）两个变量对管护绩效水平的影响力趋势基本相同：当变量取值在 1~3 时影响力曲线为负，当变量取值大于 3 时影响力曲线为正。说明开展管护后农民对粮食增产和环境改善的满意程度处于非常低、比较低或一般时，对管护绩效产生负向影响；当满意程度为比较高时，对管护绩效的影响发生剧烈突变并转变为正向；若满意程度升级为非常高时，这种正向影响的程度更加强烈。

制度执行（x_{12}）的影响力曲线变化特征是：当管护制度的执行状况为非常低、比较低时对管护绩效产生消极影响；当执行情况改变为一般及以上等级时，与管护绩效形成稳定的正向相关关系，不随评价等级变化而发生较大的改变。

维护修复（x_{45}）、执行过程（x_{23}）、劳力投入（x_{32}）变量的影响力曲线变化趋势比较接近：变量取值为非常低、比较低时对管护绩效产生消极影响，并且影响力逐渐减弱；除此之外对管护绩效产生积极影响，影响程度逐渐增强但变化幅度不明显。

决策环节（x_{22}）是一类"负向指标"，根据有序 Logistic 回归模型结果，决策环节越复杂管护绩效越低。影响力曲线表明，当决策复杂程度属于非常低、比较低或一般时，该变量与管护绩效存在微弱的正向相关关系；当决策复杂程度属于比较高、非常高时，该变量与管护绩效存在较明显但差异不显著的负向相关关系。

五、结论与建议

基于绩效棱柱模型构建了农地整理项目建后管护绩效影响因素的分析框架，利用有序 Logistic 回归模型和增强回归树模型验证了绩效棱柱模型的有效性与合理性。研究主要结论有：①制度执行（x_{12}）、执行过程（x_{23}）、劳力投入（x_{32}）、维护修复（x_{45}）、粮食增产（x_{51}）和环境改善（x_{53}）变量显著正向影响管护绩效，而决策环节（x_{22}）的复杂程度与管护绩效存在显著负向相关关系。严格遵循管护制度、坚决执行管护任务及充足的劳力投入、迅捷的设施维修、简洁的决策过程提高了管护的过程绩效，而农民普遍满意的生产能力和生活环境则提高了管护的结果绩效。②从绩效棱柱模型的维度来看，管护绩效贡献度排序依次为农民满意类变量、管护流程类变量、管护措施类变量、管护投入类变量、管护制度类变量。对管护绩效而言，结果绩效的重要性大于过程绩效；受益农民更加重视管护带来的经济效益和环境效益；在管护过程中制度的建立是管护实施的基础性工作。此外，具体变量对管护绩效影响力的变化在特定测量值上具有"突变"特征。

根据以上研究成果建议：①将绩效棱柱模型引入管护绩效研究中，坚持农地整理管护服务的"顾客"导向，重视利益相关者在绩效管理中的主体地位。既要鼓励利益相关者对管护工作的贡献，也要承认利益相关者满意程度的重要性，同时还要统筹制度安排、流程设置、管护投入等关键要素以提升管护绩效。②根据实地调查，研究区域的农地整理管护实施还存在需要改进之处，建议管理部门结合理论研究成果完善管护工作关键环节，在管护制度制定的基础上强化制度的执行，实现"有章可循、有章必循"，简化管护任务决策的冗余度、增强管护任务的执行力，借鉴湖北省嘉鱼县等地区的经验将管护经费列入政府预算，适当增加管护劳力的投入，提高损毁设施、设备修复的及时性，努力满足农民在改善农业生产和居住环境上的心理预期。③根据绩效影响因素在特定取值上发生"突变"的特征，针对性地提高该因素的评估等级，使其对管护绩效的消极影响迅速转变为积极影响，是实现管护绩效提升的有效途径。以粮食增产满意程度为例，该变量赋值从一般提升至比较高会带来管护绩效质的飞跃，因此，管理部门需反思管护环节中影响评价等级为一般的措施，以此为抓手促成粮食产量的增加。④农地整理的管护实施可能会随着政策环境的变化而变化，如农地大规模流转、农业产业化和产业融合，这些都是研究未涉及的现实背景，也给下一步研究提出新的挑战和努力方向。

第五节　基于交易费用理论的管护绩效影响机理

一、研究框架

交易费用理论是新制度经济学具有奠基意义的理论贡献之一，其核心概念是"交易"。制度经济学派将其定义为个人或组织之间关于某种权利的让与和取得的经济活动（罗必良，2005）。本节认为，农地整理管护行为主要包括对建成农业基础设施及设备的日常巡查、破坏行为的及时劝阻或制止、损毁设施和设备的维护与修复，以及在设施和设备使用过程中发生纠纷矛盾的调解与处理等，其本质上是一类具有高辨识度和清晰工作界面的农村公共服务；管护行为的发生表明管护权利实现让渡、管护责任主体发生迁移，并最终实现农业基础设施及设备的物理形态得以改善的"交易"。

交易费用可理解为独立于生产费用、有关权利让渡的全部费用或成本。在农地整理项目建后管护中，交易费用包括管护行为相关的宣传、通知、召集、会议、决策及管护监督环节的费用。具体地，宣传费用指公布和传播管护相关的政策、文件、告示、公约等的成本；通知费用指通过各种媒介发布管护相关的决定、决议等的成本；召集费用指召唤和聚集乡村精英或村民代表等的成本；会议费用指通过会议形式协商管护事宜的成本；决策费用指对管护相关的策略或方法形成一致的决定或选择的成本；管护监督费用指对管护实施行为进行监管和督促的成本。上述费用虽然是序贯发生但存在相互关联，其共同特征是消耗时间和资源以实现利益协调与信息对称，因此，理论上可以在交易发生后借助某种支付形式予以计量。根据威廉姆森的分析框架，农地整理项目建后管护的交易费用存在三个维度的影响因素，分别为资产专用性、交易不确定性和交易频率（Williamson，1979；罗必良和李尚蒲，2010）。

（1）资产专用性用于描述管护工作对耕地、人力等资产的专用性要求，强调资产的可调配性。进一步可细分为实物资产专用性、地理位置专用性、人力资产专用性三类。其中，实物资产专用性采用受访农户的耕地面积、生产水平、机械化程度三个指标反映；地理位置专用性采用村庄离中心镇的距离和农地整理实施面积两个指标反映；人力资产专用性采用受访者年龄、教育程度、是否为村干部三个指标反映。资产专用性主要体现管护工作对周边环境的依赖程度（上官彩霞等，2014），脱离依赖程度高的资产导致管护工作的损失加剧。实物资产方面，耕地面积、生产水平、机械化程度指标体现了现有的管护工作的实物基础，反映了交易与实物基础之间的关联性，较高的测度水平会强化农民参与管护的意愿，促使个体行为向集体行为的转变，降低管护工作中召集、会议、决策等环节的费用；地理位置方面，村庄离中心镇的距离和农地整理实施面积分别表示管护地区的交通与区位条件、农地整理项目建后管护的规模效应，交通区位条件优越有利于农民克服信息不对称的劣势，表现为宣传、通知、召集的费用较低，管护规模效应明显带来决策和监督费用的降低；人力资产方面，受访者年龄、教育程度有利于提高公众对管护的认知，降低召集、会议和决策的费用，是否为村干部有利于强化村干部的示范辐射作用，降低决策和监督的费用。需要说明的是，虽然只有部分农民直接参与管护工作，但农地整理项目建后管护及其绩效水平与全体村民利益相关，村民的态度及行为会成为促进或阻碍管护的主导因素之一，因此，本节将利益相关农民的特征作为影响因素进行讨论。

（2）交易不确定性用于描述与交易有关的内部和外部条件的不确定性质，其与行为人的有限理性及机会主义倾向相关。本节选取管护制度完善程度、管护人员明确程度、管护对象明确程度、管护目标明确程度和农民参与积极程度五个指标来衡量交易不确定性。农村地区社会经济环境的复杂性及信息搜寻和分析的局限性造成了农民参与农地整理项目建后管护的有限理性特征，并且在追求个人利益时显现出机会主义倾向。作为制度与契约的具体形式，完善的管护制度建设，明确的管护人员、管护对象和管护目标，广泛的积极参与是应对管护行为中个人理性不足与机会主义倾向的保障机制。上述指标抑制了管护行为中的不确定性，降低了农地整理项目建后管护的交易费用。

（3）交易频率用于描述同类交易的重复发生的次数，即管护行为中各类具体措施的实现次数。本节采用农地整理项目建后管护区域开展巡查的次数、劝阻破坏行为的次数、设施和设备维修的次数、纠纷调处的次数四个指标来衡量交易频率。交易频率与交易费用的关系表现为：设施设备的频繁修复和矛盾纠纷的调处次数增加会导致通知、召集、会议、决策及监督成本的大幅度提升；而提高巡查次数和增加劝阻次数会增加监督费用，但同时也会凸显管护工作的实效、增强社会公众的信任，因而可以降低召集费用、会议费用、决策费用，交易费用总和的变化方向未知，需通过实证进一步检验。

如上所述，交易费用的思想将管护行为描述为实现管护权利顺利让渡的经济活动，因此，交易费用在数量上接近于管护行为的运行费用，进而我们有理由相信交易费用会直接引发管护绩效出现差异。这与新制度经济学领域"交易费用决定经济绩效"的理论逻辑（何一鸣和罗必良，2011；李学，2009）保持一致。考虑到现实世界中难以实现对农地整理项目建后管护的交易费用的精确计量，本节采用更容易获得的管护绩效代替交易费用作为目标变量，在理论分析及实证检验基础上系统阐释资产专用性、交易不确定性、交易频率维度对管护绩效的影响因素。研究分析框架如图5.7所示。

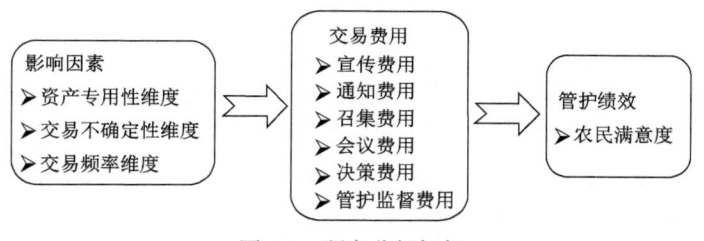

图 5.7 研究分析框架

二、计量模型

本节基于上述研究假设，构建管护绩效影响因素的经济计量模型：

$$\begin{aligned} \text{Perf}_k &= b + \sum_{i=1}^{8} \alpha_i \times \text{spec}_{ik} + \sum_{i=1}^{5} \beta_i \times \text{unce}_{ik} + \sum_{i=1}^{4} \gamma_i \times \text{freq}_{ik} + \varepsilon_k \\ &= b + \sum_{i=1}^{3} \alpha_{1i} \times \text{spec\_phy}_{ik} + \sum_{i=1}^{2} \alpha_{2i} \times \text{spec\_geo}_{ik} \\ &\quad + \sum_{i=1}^{3} \alpha_{3i} \times \text{spec\_lab}_{ik} + \sum_{i=1}^{5} \beta_i \times \text{unce}_{ik} + \sum_{i=1}^{4} \gamma_i \times \text{freq}_{ik} + \varepsilon_k \end{aligned} \quad (5.13)$$

式中，Perf_k 表示管护绩效的观测值（k 表示观测值序号）；spec_{ik} 表示资产专用性维度变量；unce_{ik} 表示交易不确定性维度变量；freq_{ik} 表示交易频率维度变量。其中，spec_phy_{ik}（$i=1\sim3$）分别表示实物资产专用性维度的耕地面积、生产水平、机械化程度三个变量，spec_geo_{ik}（$i=1\sim2$）分别表示地理位置专用性维度的村庄离中心镇的距离、农地整理实施面积两个变量，spec_lab_{ik}（$i=1\sim3$）分别表示人力资产专用性维度的年龄、教育程度、是否为村干部三个变量；unce$_{ik}$（i=1~5）分别表示管护制度完善程度、管护人员明确程度、管护对象明确程度、管护目标明确程度、农民参与积极程度五个变量；freq$_{ik}$（i=1~4）分别表示开展巡查的次数、劝阻破坏行为的次数、设施和设备维修的次数、纠纷调处的次数四个变量。α_i、β_i、γ_i 表示待估计的偏回归系数；b 表示常数项；ε_k 表示随机扰动项。

已有相关研究指出，农地整理项目建后管护的农民参与行为将显著影响管护绩效（赵微和吴诗嫚，2016）；同时，农民参与行为决策由收益与成本决定，行为收益越大农民参与的积极性越高（田甜等，2014），因此，管护绩效与农民参与存在潜在的双向因果关系，在计量模型中表现为解释变量可能与随机扰动项相关。鉴于工具变量方法在解决内生性问题上的优势性能（杨东升，2015；吴要武，2010；李龙和宋月萍，2016；魏龙和潘安，2016），本节使用工具变量法，运用二阶段最小二乘法对式（5.13）进行扩展。

使用工具变量法的前提是寻找有效的工具变量，并满足工具变量与内生解释变量相关且与随机扰动项不相关的基本条件（陈强，2014）。本节使用农业劳动时间（agri_month）作为候选的工具变量，该变量反映了受访农民的兼业程度。经验表明，农业劳动时间越长，对农业生产的依赖性越强、参与管护的积极性越高，农业劳动时间与农民参与之间存在密切关系；从行为机理上分析，农业劳动时间（agri_month）与管护绩效（Perf）不存在直接的作用关系，可能通过农民参与积极程度（unce$_{5k}$）来影响绩效水平。因此，农业劳动时间（agri_month）的选取初步满足工具变量相关性和外生性的双重要求。本节借助下面的回归模型考察工具变量对内生变量的影响：

$$\text{unce}_{5k} = b' + \theta \times \text{agri\_month}_k + \sum_{i=1}^{3}\alpha'_{1i} \times \text{spec\_phy}_{ik} + \sum_{i=1}^{2}\alpha'_{2i} \times \text{spec\_geo}_{ik} \\ + \sum_{i=1}^{3}\alpha'_{3i} \times \text{spec\_lab}_{ik} + \sum_{i=1}^{4}\beta'_i \times \text{unce}_{ik} + \sum_{i=1}^{4}\gamma'_i \times \text{freq}_{ik} + \varepsilon'_k \quad (5.14)$$

式中，θ 表示工具变量的回归系数。其他变量含义参照式（5.13）。

三、数据来源

为体现研究的典型性和代表性，本节选取河南省邓州市和广西壮族自治区龙州县作为研究区域。邓州市农地整理过程采用传统的"由上而下"模式，即政府立项、财政投资、移交乡镇，建后管护采用集体管护模式，乡镇政府和职能部门成立领导小组，行政村成立管护机构，根据管护措施的具体需要由村民代表作为管护人员负责管护实施，农地整理项目建后管护制度较为完善。龙州县地处广西壮族自治区崇左市，实施以"小块并大块"为特色的"由下而上"的整理模式，即政府引导、农民决策、财政奖补，建后管护采用农民联户管护模式，农户共同使用和管护设施与设备，联户农户以投劳等多种形式对损毁设施、设备进行维修及其他必要的管护。

本节采用分层抽样的原则选择调查区域：首先随机选择河南省邓州市文渠乡、张楼乡、白牛乡、裴营乡、夏集乡 5 个乡和广西壮族自治区龙州县上龙乡、彬桥乡、武德乡、龙州镇、水口镇 5 个乡镇，然后在每个乡镇随机选择 3～4 个开展农地整理项目建后管护的行政村作为调查区域。研究人员分别于 2015 年 1 月 9～13 日和 2015 年 11 月 7～10 日先后两次赴河南省邓州市、2015 年 10 月 21～28 日赴广西壮族自治区龙州县对上述 10 个乡镇合计 36 个行政村进行入户访谈式问卷调查。最终获得问卷数 590 份，其中，有效问卷 581 份，问卷有效率为 98.47%。邓州市和龙州县的有效问卷数分别为 287 份、294 份。计量模型涉及变量的统计特征见表 5.19。

表 5.19 主要变量统计特征

变量	含义	均值	标准差
1. 资产专用性			
1）实物资产专用性			
耕地面积（spec_phy$_1$）	农户实际耕种的土地面积/亩	11.4	11.2
生产水平（spec_phy$_2$）	农地整理对耕地生产水平的改善效果	3.855	0.777
机械化程度（spec_phy$_3$）	实施机械化耕种的面积比例	80.6%	39.7%
2）地理位置专用性			
村庄距离（spec_geo$_1$）	所在村庄与中心镇的距离/千米	6.773	5.137
整理面积（spec_geo$_2$）	所在村庄农地整理的实施面积/亩	1482.2	1596.4
3）人力资产专用性			
农民年龄（spec_lab$_1$）	受访农民的年龄/岁	48.3	12.2
教育程度（spec_lab$_2$）	受访农民的教育程度	1.7	0.7
干部身份（spec_lab$_3$）	受访农民是否为村、组、屯干部	0.2	0.4
2. 交易不确定性			
管护制度（unce$_1$）	管护制度的完善程度	2.886	0.962
管护人员（unce$_2$）	管护人员的明确程度	3.131	1.062
管护对象（unce$_3$）	管护对象的明确程度	3.515	0.827
管护目标（unce$_4$）	管护目标的明确程度	3.341	0.877
农民参与（unce$_5$）	农民参与管护的积极程度	3.470	1.028

续表

变量	含义	均值	标准差
3. 交易频率			
巡查次数（freq$_1$）	年内开展巡查的次数/次	10.6	13.3
劝阻次数（freq$_2$）	年内劝阻破坏行为的次数/次	0.9	6.7
维修次数（freq$_3$）	年内设施和设备维修的次数/次	2.6	4.3
调处次数（freq$_4$）	年内纠纷调处的次数/次	0.8	1.5
4. 工具变量			
农业劳动时间（agri_month）	年内从事农业劳动的月份/月	6.1	4.0

注：生产水平（spec_phy$_2$）赋值规则为"1=明显降低，2=略微降低，3=没有变化，4=略微提高，5=明显提高"；教育程度（spec_lab$_2$）赋值规则为"1=小学及以下，2=初中，3=高中，4=大专，5=大专以上"，为避免"虚拟变量陷阱"，在计量模型中引入变量 spec_lab$_2^1$ ~ spec_lab$_2^4$ 分别代表前4种分类；干部身份（spec_lab$_3$）赋值规则为"0=否、1=是"；交易不确定性（unce$_i$）赋值规则为"1=非常低，2=比较低，3=一般，4=比较高，5=非常高"

四、管护绩效测量

农地整理项目建后管护绩效是指农地整理项目建后管护对利益相关者的主观或客观的效用，本节采用农民视角下农地整理项目建后管护的满意度予以测量。结合管护对象和管护目标的特征与差异，农地整理项目建后管护绩效的测度体系应当包括农民对土地平整、灌溉排水、田间道路、农田防护与生态保护、村庄整治五类基础设施及设备管护效果的主观评价（胡珍，2014），其测算公式为

$$\begin{aligned}
\text{Perf}_k &= \sum_{i=1}^{10} \omega_i \times P_{ik} \\
&= \sum_{i=1}^{2} \omega_{1i} \times \text{P\_plot}_{ik} + \sum_{i=1}^{2} \omega_{2i} \times \text{P\_irri}_{ik} \\
&\quad + \sum_{i=1}^{2} \omega_{3i} \times \text{P\_road}_{ik} + \sum_{i=1}^{2} \omega_{4i} \times \text{P\_eco}_{ik} + \sum_{i=1}^{2} \omega_{5i} \times \text{P\_vill}_{ik}
\end{aligned} \quad (5.15)$$

式中，P_{ik} 表示构成绩效体系的满意度测度；ω_i 表示相应的测度权重；P_plot_{ik}（i=1，2）表示农民分别对田面平整、田埂设施的结构完好性与功能发挥的满意程度；P_irri_{ik}（i=1，2）表示农民分别对灌溉、排水设施及设备的结构完好性与功能发挥的满意程度；P_road_{ik}（i=1，2）表示农民分别对机耕道和机耕桥、人行道和人行桥的结构完好性与功能发挥的满意程度；P_eco_{ik}（i=1，2）表示农民分别对防护林、护沟/护坡/防洪堤的结构完好性与功能发挥的满意程度；P_vill_{ik}（i=1，2）表示农民分别对村庄道路/排水/垃圾回收、村庄绿化/自然水体等基础设施的结构完好性与功能发挥的满意程度。

受访农民对绩效测度的评价运用"1=非常低,2=比较低,3=一般,4=比较高,5=非常高"的赋值规则;权重采用层次分析法,通过向国内高校土地资源管理领域的12位专家[①]咨询得到,具体数值为ω=[0.164,0.082,0.192,0.150,0.126,0.044,0.027,0.080,0.099,0.035]。通过式(5.15)得到研究区域农地整理项目建后管护绩效水平为3.619,标准差为0.577。

五、工具变量检验

首先进行不可识别检验。考虑异方差的存在[②],选用Kleibergen-Paap rk LM统计量作为判断依据,其值为13.237(p=0.000<0.01),强烈拒绝不可识别的原假设,表明工具变量与内生解释变量相关。其次进行弱工具变量检验。为稳健起见,分别通过名义显著性水平5%的Wald检验[采用最小特征值(minimum eigenvalue)统计量、Cragg-Donald Wald F统计量、Kleibergen-Paap rk Wald F统计量]和有限信息最大似然法(limited information maximum likelihood method,LIMl)检验,表明工具变量与内生解释变量之间强烈相关,拒绝弱工具变量的原假设。研究中工具变量与内生解释变量的个数相等,因此,不再开展过度识别检验。然后进行内生解释变量的存在性检验。由于传统的霍斯曼(Hausman)检验在异方差的情形下不成立,故采用异方差稳健的杜宾吴霍斯曼(Durbin-Wu-Hausman,DWH)检验,检验结果表明在5%的显著性水平下拒绝所有解释变量均为外生的原假设,即可以认为农民参与($unce_5$)为内生变量。

上述研究表明,候选工具变量与内生解释变量不仅相关,而且存在强相关关系;内生解释变量也符合计量经济学关于"内生"的定义;工具变量选用的合理性得到检验。

六、估计结果

本节运用STATA 14软件对理论模型开展调查数据的计量分析,列出经典OLS回归和工具变量(instrument variable,IV)回归结果(表5.20)。其中,IV回归模型分为两个阶段:第一阶段为分离内生变量的外生部分;第二阶段为使用分离出来的外生部分对被解释变量进行回归。

[①] 邀请了来自中国人民大学、中国农业大学、中国地质大学(北京)、浙江大学、南京大学、武汉大学、西南大学、华中师范大学、广州大学、海南大学、安徽师范大学、湖北民族学院国内高校土地资源管理领域的12名专家提供权重信息,特此表示诚挚感谢。

[②] 对OLS估计结果进行异方差检验,White检验和Breusch-Pagan检验的p值均为0.000<0.01,强烈拒绝同方差的原假设,表明方程存在异方差,违背古典线性回归模型球形扰动项的基本假设。

表 5.20 OLS 和 IV 回归结果

变量	模型一：OLS 回归		模型二：IV 回归			
	系数	稳健标准误	第一阶段		第二阶段	
			系数	稳健标准误	系数	稳健标准误
b	1.421***	0.278	1.850***	0.386	2.114***	0.533
spec_phy$_1$					0.004*	0.002
spec_phy$_2$	0.157***	0.031			0.141***	0.036
spec_phy$_3$	0.002**	0.001	0.003**	0.001	0.002**	0.001
spec_lab$_1$	0.003*	0.002				
spec_lab$_2^1$			−0.694***	0.232		
spec_lab$_2^2$			−0.578**	0.226		
spec_lab$_2^3$	0.337*	0.199	−0.524**	0.246		
spec_lab$_3$	0.193***	0.068			0.166**	0.076
unce$_1$	0.086***	0.028	−0.216***	0.043		
unce$_2$	0.079***	0.024	0.400***	0.049	0.208**	0.083
unce$_3$			0.230***	0.066		
unce$_4$			0.110*	0.065		
unce$_5$	0.148***	0.029	—			
freq$_1$	0.002*	0.001			0.003*	0.002
freq$_4$	−0.041***	0.014			−0.039**	0.017
agri_month	—	—	0.036***	0.010	—	—
F 统计值	10.60		18.89		7.06	
p	0.000		0.000		0.000	
R^2	0.324		0.371		0.104	

*、**、***分别表示在 10%、5%、1%的统计水平上显著

注：①OLS 回归模型和 IV 回归模型均采用稳健标准误参数以消除异方差的影响；②在 IV 回归的第二阶段估计中，分别采用两步最优广义矩估计（generalized method of moments，GMM）和迭代 GMM 方法对表中结果进行校对，结果一致；③模型涉及变量较多，限于篇幅表中只展示通过 10%显著度检验的回归系数

综合 OLS 回归和 IV 回归结果，资产专用性、交易不确定性、交易频率维度对农地整理项目建后管护绩效的影响相对一致。具体而言，①实物资产专用性方面，生产水平（spec_phy$_2$）、机械化程度（spec_phy$_3$）在不同显著度水平上对管护绩效均存在正向影响。耕地是农地整理项目建后管护涉及的重要资产之一，耕地生产水平和耕作机械化程度的提高会导致农民在生产行为中对耕地依赖程度不断增强，是强化农地整理项目建后管护的内在驱动力。尤其是随着农地整理对耕地生产水平改善程度的提高，管护过程中召集、会议、决策等关键环节的交易费

用得以降低，进而显著提升了管护绩效。②地理位置专用性方面，村庄距离（spec_geo$_1$）、整理面积（spec_geo$_2$）两个变量均未通过10%显著度的检验，表明地理位置要素对管护绩效的影响不具有统计意义。③人力资产专用性方面，干部身份（spec_lab$_3$）分别在1%和5%显著度水平上对管护绩效存在正向影响，即村干部（含组长、屯长）参与农地整理项目建后管护比例越大，对应的管护绩效水平越高。当前中国农村仍然显现为传统意义上的精英治理模式，以村干部为典型代表的社会精英在农村社区中具有极高的社会威望与声誉，其在农地整理项目建后管护中的积极组织和参与将有效降低决策与监督的费用。④交易不确定性方面，管护人员（unce$_2$）分别在1%和5%显著度水平上对管护绩效存在正向影响。交易不确定性维度主要分析管护制度和管护行为的不确定性对交易的影响，计量结果表明管护人员的明确程度可以抑制管护过程中的机会主义行为倾向等多种不确定性，有效降低各阶段的交易费用，提高管护绩效水平。⑤交易频率方面，巡查次数（freq$_1$）在10%显著度水平上对管护绩效产生正向影响，巡查频率越高管护绩效随之升高，充分体现了日常巡查在开展管护设施和设备运营状况的实时监测、预防损毁现象发生及蔓延、及时调整管护方案与管护目标等方面的积极效用。此外调处次数（freq$_4$）分别在1%和5%显著度水平上对管护绩效存在负向影响，即对设施和设备使用矛盾与冲突开展调处的次数越多，管护绩效越低。农地整理项目建后管护通过对农业基础设施和设备的强化管理，其最终目的是促进人地和谐，协调社会成员关系。矛盾冲突的调解与处理加大了管护人员额外的时间和精力成本，直接影响管护绩效的水平。从统计结果来看，劝阻次数（freq$_2$）、维修次数（freq$_3$）对管护绩效的影响未通过10%显著度的检验，回归系数表明交易频率维度中影响交易的主要因素是调处次数（freq$_4$）和巡查次数（freq$_1$）。

尽管OLS和IV的回归结果基本验证了威廉姆森维度论分析框架的理论假设，但部分因素的影响程度仍出现变化。具体表现为：①OLS回归模型中，资产专用性维度中的农民年龄（spec_lab$_1$）变量、教育程度（spec_lab$_2^3$）变量、交易不确定性维度中的管护制度（unce$_1$）变量分别以10%、10%和1%的显著度水平影响管护绩效，但在IV回归模型中却未通过10%的显著度水平检验；②在OLS回归模型未表现出显著性的耕地面积（spec_phy$_1$）变量却在IV回归模型中以10%的显著度水平影响被解释变量，资产专用性维度的变化凸显现代农业生产中规模效应的重要性，降低耕地细碎化程度、保持适度经营规模不仅可以确保农业生产效率、增强农民对耕地的依赖程度，也是间接促成农地整理项目建后管护绩效提升的重要举措。

农民参与（unce$_5$）是重点关注的计量模型内生变量，该变量在OLS回归模型中显著地正向影响管护绩效（p=0.000＜0.01）；但与一般的经济学直觉相反，在实证中该变量未能在IV回归模型中表现出预期的显著性。而第一阶段的回归表明（表 5.20），农民参与（unce$_5$）受到工具变量农业劳动时间（agri_month）的影响极其显著（*p*=0.000＜0.01），年内农业劳动时间增加 1 个月、农民管护的积极程度将提高 0.036 个等级（1=非常低，5=非常高）。除此以外，其他主要正向影响因素有机械化程度（spec_phy$_3$）、管护人员（unce$_2$）、管护对象（unce$_3$）、管护目标（unce$_4$），说明农民积极程度不仅受农业机械化生产条件的认知影响，还和管护行为的实施机制相关，与管护行为不确定性的治理效果保持一致。需要指出的是，管护制度（unce$_1$）与农民参与（unce$_5$）之间存在负向相关关系，这可以认为是受访农民个人有限理性与机会主义倾向表现，即有部分受访农民产生"搭便车"的投机行为，期望在管护机制成熟、其他农民积极参与的前提下降低个人参与程度。教育程度（spec_lab$_2$）也表现出预期的显著性，计量结果反映相对而言教育程度较低的农民参与积极性也较低，按照高中、初中、小学的趋势依次递减。

七、结论与讨论

本节的主要工作是：在阐述农地整理项目建后管护及管护绩效内涵的基础之上，构建核心利益相关者满意度视角下的农地整理项目建后管护绩效测度体系，借助专家评价权重赋值方法开展测度评估。引入"交易"概念，在交易费用理论指导下运用威廉姆森交易费用维度论分析框架阐述管护绩效的影响因素并建立计量模型，基于河南省邓州市和广西壮族自治区龙州县调查数据开展实证研究，从解决变量内生性的目标出发运用工具变量策略对多元线性回归方程开展估计，最终得到较为稳健的分析结果。本节研究主要结论为以下几点。

（1）OLS 回归和 IV 回归结果表明，实物资产专用性、人力资产专用性、交易不确定性、交易频率维度要素对管护绩效的影响较为显著，其中，对管护绩效贡献率较高的要素有管护人员（unce$_2$）、干部身份（spec_lab$_3$）、生产水平（spec_phy$_2$）；其他解释变量如耕地面积（spec_phy$_1$）、机械化程度（spec_phy$_3$）、巡查次数（freq$_1$）、调处次数（freq$_4$）等也值得我们重点关注。实证结果验证了威廉姆森交易费用维度论分析框架的有效性。

（2）采用工具变量方法估计了内生变量存在的前提下回归模型的系数，结果表明内生变量在 OLS 回归中显著影响管护绩效，但未能在 IV 回归中表现出显著性。根据 IV 回归结果分析了内生变量农民参与（unce$_5$）与工具变量农业劳动时间（agri_month）及其他解释变量的作用关系。工具变量方法的运用不仅分离了内生变量的内生和外生部分、摒除了原模型中内生变量对被解释变量的影响，还增强了回归方程参数估计的效率，对农地整理项目建后管护绩效影响因素的解释更加科学。

根据理论研究结果，本节建议如下：①落实管护人员、完善管护制度。河南省邓州地区应通过指派、聘用或自愿报名等多种途径选用专职或兼职管护人员，采用物质和精神奖励的形式激励管护人员全身心投入到管护工作中；广西壮族自治区龙州地区应指导联户农户签订管护契约以实现管护行为的常态化和管护制度的规范化，同时基于当地耕地细碎化和生产机械化的程度开展针对性培训以增强管护技能。②充分发挥村干部、老党员、退休公职人员等具有社会影响力人员的积极性，全面推动管护开展。河南省邓州地区应通过内部考核和外部监督相结合的方法引导村干部重视并积极参与管护工作，广西壮族自治区龙州地区应在乡村精英中加强宣传"小块并大块""以奖代补"等政策的实施效应，鼓励其利用自身的社会资本扩大影响、聚集社会资源，形成示范辐射效应。③管理部门应认识到农地整理项目建后管护绩效和实施绩效的区别与联系，即项目实施绩效会深刻影响管护绩效，耕地生产水平提升会极大驱动管护行为并带来较大的管护绩效。因此，传统类型农地整理项目必须坚持以农民利益为导向，而以广西壮族自治区龙州县为代表的农民自主型农地整理项目则要兼顾农民利益的均等化，只有这样才能保障农民从项目实施和项目管护中持续受益。④农民参与不仅受个体特征的影响，也受农地整理管护机制治理结构的影响。增强农民参与积极性的有效途径应结合农村社会经济综合改革的进程。河南省邓州地区需要遵循当地农村事务"四议两公开"的工作程序，科学设置农地整理项目建后管护的实施流程，充分保证农民参与渠道的通畅性；而对广西壮族自治区龙州地区而言，则需完善当前"小块并大块"改革的顶层设计与制度安排，确保农民真正享受政策红利和制度红利。

需要进一步讨论的有以下几点。

（1）厘清农地整理管护绩效的影响因素是机理研究的基础工作之一，本节在威廉姆森交易费用维度论分析框架下提出影响因素可分为实物资产专用性、地理位置专用性、人力资产专用性、交易不确定性、交易频率维度的理论假设。但实证研究中回归模型均没有证实地理位置专用性维度的要素对管护绩效存在显著影响。交易费用理论与农地整理项目建后管护的契合性及其指导功能还需进一步深入研究。

（2）当多元线性回归模型中存在遗漏解释变量、变量测量误差、双向因果关系时，会造成解释变量与随机扰动项相关的内生性问题，此时采用工具变量策略是计量经济学的常规方法。工具变量的选取首先必须同时满足相关性和外生性这一对矛盾要求。本节根据农地整理项目建后管护的特征，选取了农业劳动时间（agri_month）作为工具变量试图解决农民参与（$unce_5$）的内生性问题。在研究中发现，工具变量方法的成功运用不仅需要通过各个阶段的计量检验，最为关键的是如何创造性地选取这类外生于初始计量模型的外生变量，是否还存在其他有效工具变量，这些工具变量的运用能否提高估计效率，这都是具有挑战性的研究问题。

（3）本节仅从交易费用的影响维度出发研究了农地整理项目建后管护绩效的

影响因素，并没有涉及交易费用的测量。其完整的逻辑分析过程应当是交易费用影响维度—交易费用测算—农地整理管护绩效，交易费用测算应当作为中介变量存在于上述路径中。后续工作将进一步完善交易费用测算体系，以实现更加全面、系统阐述交易费用对管护绩效影响机理的最终目的。

第六节　效率与公平视角下管护绩效的影响机理

一、分析框架

（一）制度绩效

制度是一种规范人的行为的规则（North，1990）。本节将农地整理项目建后管护制度界定为规范农民管护行为的一系列正式规则，包括基层政府和村民自治组织颁布的管护制度、规章，以及村民自治组织与农民之间签订的管护契约等。进一步地，将管护制度的绩效定义为以制度目标为参照，核心利益相关者（农地整理受益农民）对管护制度实施的主观评估，包括对管护宣传、管护主体选择、管护资金管理、管护措施实施、管护监督考核等全过程的评估。借鉴公共管理领域的顾客满意度理论及其应用研究（王良健和罗凤，2010），将农民视为管护制度的目标顾客，农民的满意度评价来源于制度的预期收益与实际收益对比而产生的心理感受（Tse and Wilton，1988）。作为农地整理项目建后管护制度的核心利益相关者，农民对管护制度的满意度可在一定程度上度量制度需求与制度供给的均衡程度，有利于管护制度的进一步完善和推行。

（二）制度绩效与制度公平

管护制度实施是为了合理分配管护权利与义务，因此，管护制度公平的理想状态是实现对每个利益相关者有利的契约安排，在这种安排下项目区成员都能实现安全和自由，并享有均等的生存和发展机会（邵红伟，2017）。公平是与制度最为密切的伦理价值（陈燕，2007），其源于人们对自己的投入产出比与参照者进行横纵向比较后的主观感知结果，受个人的主观判断影响较大。当投入产出比大于参照者时人们会产生满足感，并对自己的管护行为产生激励作用；反之，则会产生相对剥夺感，并对管护行为起阻碍作用。管护制度实施的分配结果能够给人带来满足感或剥夺感（斯密，1998），这将会影响到人们对管护制度的满意程度。

假说1：制度公平正向影响制度绩效。

（三）制度绩效与制度效率

制度效率是制度实施的收益与成本的比较（袁庆明，2003）。制度效率越高，收益与成本之间的对比越明显，激励作用越强，农民对制度的满意程度越高。在管护成本既定的前提下，农地整理项目建后管护制度效率越高，粮食产量增加幅度及农业生产环境和农村居住环境改善程度越大，农民对管护制度的满意度也越高。已有学者验证了制度效率与制度绩效之间的相互关系，如龚继红和钟涨宝（2014）基于对湖北省基层农技人员的调查，总结了农业科技制度效率对基层农技人员的职业满意度具有显著影响；王昌海（2015）运用结构方程模型研究乡村旅游合作社的效率与满意度的内在作用机制，得出代表合作社效率的纯收益能直接显著影响社员对乡村旅游合作社的满意度。

假说2：制度效率正向影响制度绩效。

（四）制度公平与制度效率

传统观点过于片面强调公平与效率的矛盾性，认为效率会带来不公平、追求公平会降低效率。有学者提出了超越公平与效率相对抗的观点（何锁柱和和春雷，1997），即公平影响制度安排，制度安排决定效率，二者统一于制度安排。但是由于信息不对称、机会主义等因素的存在，制度难以自发维持公平与效率的和谐稳定，需要通过相应管控措施才能实现农村土地制度公平与效率的统一（李力东，2017）。农地整理建成的田面与田坎、沟渠、机耕道与人行道、农田防护林等设施是一类公共产品，农民通过在管护制度激励和约束下对已有设施进行管理与维护，实现的收益也应由村民共享。如果部分农民付出了劳动而没有获得相应的回报，会削弱其管护积极性，降低管护制度的实施效率；相反，管护机制越公平，农民参与管护的积极性越高，管护效率也会越高。制度效率越高，农民对管护制度的认可程度越高，农民对管护制度公平感知越强烈并最终形成良性循环。上述关系正和奥肯（1999）的观点相契合，即公平与效率两者都很重要，而且其中的一方对另一方没有绝对的优先权，两者相互影响、相互促进。

假说3：制度公平与制度效率相互产生正向影响。

将制度绩效、制度公平、制度效率之间的关系（图5.8）总结如下：①将管护制度绩效评价转化为农民对管护制度的满意度评价，农民对管护制度公平的感知程度越高，表明参与管护后投入产出比越可能大于参照者，农民的满足感和愉悦感越强，那么农民对管护制度的满意度就越高。②管护制度效率越高，农民在农业生产、农民生活及农村居住环境等方面获得的管护收益与付出的管护成本的对比就越明显，管护制度对农民的激励作用越强，农民对管护制度的满意度就越高。③农民对管护制度公平的感知越强烈，表明农民的管护投入与管护产出成正比，农民管护参与的积极性就越高,那么管护制度的实施效率也将越高;管护成本一定时,管护制度效率越高,农民的管护收益越高,农民对管护制度的认可程度也会越高,农民对管护制度的公平感知程度也就越高。

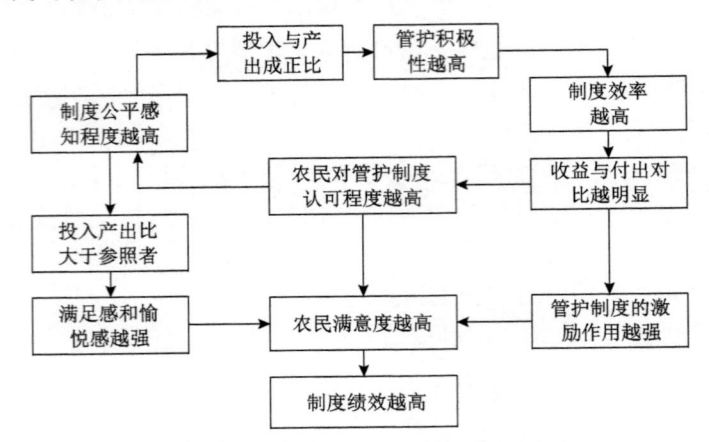

图 5.8 制度绩效与制度公平、制度效率的作用机理图

二、变量选取

(一)制度绩效变量

本节对近年来农地整理项目建后管护政策文件进行梳理,根据频数大小,从中依次提取出管护主体、管护措施、管护资金、监督考核、管护宣传等关键词。依据管护流程将以上关键词归纳为管护投入、管护措施、监督考核三大类。管护投入包括管护宣传形式和宣传内容的丰富合理程度、管护主体选择方式的公正透明程度及其责任履行程度、管护资金分配和账户管理的公开合理程度;管护措施主要衡量设施维护、纠纷调处、破坏劝阻、日常巡查的及时有效程度;监督考核主要由管护监督的频率及其整改情况、管护考核频率、考核程序、奖惩力度方面的合理程度来体现。

(二)制度公平变量

根据美国政治学家萨托利(1993)关于公平的内涵解说,将其分为政治公平、起点公平、机会公平、经济公平、社会公平。政治公平,即每个农民平等地享有与管护相关的政治、法律权利,包括知情权、参与权、话语权等;起点公平,即农民所在村庄具备足够的管护资金、管护人员和管护工具及处于同样的管护环境中;机会公平,即每个管护人员享有同样的管护权利与履行同样的管护义务,都有依靠自己的努力获得相应收益的权利;经济公平,即每个管护人员平等地享有参与管护所带来的报酬增加、粮食增长、环境改善、人际和谐方面的好处；社会公平，即每个管护人员都享有获得社会尊重、体现自身价值、增加社会信任方面的权利。

（三）制度效率变量

效率是指生产主体在产出不变的情况下资源投入最小化，或者资源投入不变的情况下产出最大化。汪文雄等（2014）结合农地整理项目建后管护的特点，将其效率定义为核心利益相关者在投入资源既定的条件下，其合理价值需求获得最大限度的满足程度，并且认为项目管护阶段价值增值程度越高，管护效率越高。参照相关学者的研究，本节从管护的经济性、社会性、生态性对农地整理项目建后管护的制度效率进行评价。管护制度的经济效率是指管护制度所带来的农民经济收入的增加，具体包括粮食单产的增加和投入成本的降低；管护制度的社会效率主要是指管护制度对农民的生产、生活便利程度的增加及农民福利的提高；管护制度的生态效益是指管护制度对区域内土壤环境、水环境、生物景观的改善程度。

模型变量选取情况及其含义详见表5.21。

表 5.21　管护制度绩效与制度公平、制度效率模型变量

潜变量	层次	观察变量	变量解释	均值	标准差
制度绩效	管护投入	宣传形式 y_1	管护宣传形式的丰富多样程度	2.891	1.058
		宣传内容 y_2	管护宣传内容的及时准确程度	2.861	1.013
		主体选择 y_3	管护主体选择方式的公正合理程度	2.947	1.061
		责任履行 y_4	管护主体责任与义务履行程度	2.960	1.079
		账户管理 y_5	对管护资金账户管理的满意程度	2.431	0.921
		资金分配 y_6	对管护资金分配情况的满意程度	2.514	0.985
	管护措施	设施维护 y_7	对设施维护的及时性与有效性的满意程度	2.951	1.076
		纠纷调处 y_8	对纠纷调处的及时性与有效性的满意程度	3.048	1.040
		破坏劝阻 y_9	对破坏劝阻的及时性与有效性的满意程度	3.035	1.047
		日常巡查 y_{10}	对日常巡查的及时性与有效性的满意程度	3.021	1.079
	监督考核	监督频率 y_{11}	对管护监督频率的满意程度	2.875	1.098
		整改情况 y_{12}	对管护整改情况的满意程度	2.933	1.070
		考核频率 y_{13}	对管护考核频率的满意程度	2.801	1.063
		考核程序 y_{14}	对考核程序公正合理性的满意程度	2.780	1.069
		奖惩力度 y_{15}	对考核结果奖惩力度的满意程度	2.734	1.040

续表

潜变量	层次	观察变量	变量解释	均值	标准差
制度公平	政治公平	经费公开 u_1	管护经费是否向村民公开	2.141	0.932
		意见征询 u_2	制定管护制度时是否征询农民的意见	2.333	0.985
		影响决策 u_3	村民的意见是否能影响到管护决策	2.354	0.883
	起点公平	资金充足 u_4	所在村庄管护资金是否充足稳定	2.697	1.034
		人员充足 u_5	所在村庄管护人员是否充足合理	2.917	1.033
		工具充足 u_6	所在村庄管护工具是否充足合理	3.074	1.029
	机会公平	权利均等 u_7	村民是否都有参与管护的权利	3.500	0.992
		义务均等 u_8	村民是否都有遵守管护制度的义务	3.454	0.980
	经济公平	报酬增加 u_9	管护人员是否获得相应的劳动报酬	3.898	0.842
		粮食增长 u_{10}	村民是否均等享有管护带来的粮食产量增长的好处	3.694	0.962
		环境改善 u_{11}	村民是否均等享有管护带来的农村环境改善的好处	3.729	0.928
		人际和谐 u_{12}	村民是否均等享有管护带来的人际关系改善的好处	3.621	0.906
	社会公平	尊重增加 u_{13}	参与管护是否能增加自己的尊重和威望	3.658	0.860
		价值体现 u_{14}	参与管护是否能体现自己的能力与价值	3.579	0.919
		信任提高 u_{15}	参与管护是否能提高自己在村内的信任	3.658	0.889
制度效率	经济效率	单产增加 u_{16}	管护对粮食单产的增加程度	3.509	0.954
		成本降低 u_{17}	管护对单位面积成本的降低程度	3.347	0.940
	社会效率	道路畅通 u_{18}	管护对机耕道、人行道通达情况的改善程度	3.532	0.929
		用水便利 u_{19}	管护对居民生活用水便利情况的改善程度	3.373	0.902
		交往增加 u_{20}	管护对村民之间交往情况的改善程度	3.391	0.959
		纠纷减少 u_{21}	管护对设备使用纠纷的减少程度	3.266	0.892
	生态效率	土质改善 u_{22}	管护对村庄土质的改善程度	3.259	0.894
		水质提高 u_{23}	管护对村庄水质的改善程度	3.067	0.950
		村容美化 u_{24}	管护对村庄绿化、垃圾、污水等设施的改善程度	3.794	0.902
		景观优化 u_{25}	管护对村庄植被、田块、池塘等景观的优化程度	3.597	0.834

注：变量 $y_1 \sim y_{15}$ 赋值规则为 "1=不满意，2=不太满意，3=一般，4=比较满意，5=非常满意"；变量 $u_1 \sim u_8$、$u_{13} \sim u_{25}$ 赋值规则为 "1=非常低，2=比较低，3=一般，4=比较高，5=非常高"；变量 $u_9 \sim u_{12}$ 赋值规则为 "1=不赞同，2=不太赞同，3=一般，4=比较赞同，5=非常赞同"

三、数据来源

湖北省是我国粮食主产区之一，也是我国较早开展农地整理和颁布正式管护制度的省区市之一，在提高土地资源利用效率、促进粮食安全等方面成效良好。华中农业大学公共管理学院研究人员分别于2016年8月24日和25日及10月1~4日分别赴湖北省嘉鱼县、洪湖市、阳新县、荆州市荆州区进行了数据收集。嘉鱼县位于幕阜山脉与江汉平原的结合部，该县于2012年下发《进一步加强土地整治项目后期管护工作的通知》，明确土地整治项目所在地镇政府为项目建后管护第一责任人；每年从县财政账户中列支100万元专项经费，由镇财经所设立土地整治项目建后管护费专项账户，专款专用。洪湖市地处江汉平原东南端，该市在农地整理后实施市、镇、村层层签订管护合同，镇政府对建后管护承担主要责任；通过设立宣传牌、粉刷标语等多种形式进行管护宣传，并定期利用广播和电视通报各地的工程管护情况；利用基本农田保护经费、土地整理工程项目资金等专项资金养护工程；对管护得好的乡镇，市政府在其再建项目上给予倾斜，并给予适当资金奖励；对管护不力的乡镇，该乡镇其他区域不作为再建项目的规划之列。阳新县位于幕阜山脉北麓，属湖北省东南低山丘陵区，该县于2012年出台《阳新县土地整治占补平衡项目后期管护暂行办法》，规定项目所在地村委会为第一责任人；具体管护人员为项目区的土地承包经营人；项目的建后管护年限暂定为五年，前三年实行有偿管护，后两年实行义务管护；县级土地整理机构对建后管护工作进行定期、不定期的日常巡查和专项检查；对签订建后管护协议而未落实管护工作的，当地镇人民政府对村委会进行通报批评，并取消该村本年度的评先评模资格。荆州市荆州区地处江汉平原腹地，在农地整理项目验收后，当地国土资源局主动公开项目规划设计、施工建设、工程复核验收等全过程，并与村委会签署项目工程管护合同，明确农地整理项目是村集体财产；村委会依照"村规民约"，将受益村组群众确定为管护责任人，并明确管护范围，确保工程设施维护到位。以上地区对管护主体、管护资金、监督考核等制度要素进行了明确的规定，并取得了丰硕的管护成果。上述地区地形地貌、资源禀赋等方面差异较大，且在正式管护制度方面存在一定的典型性，因此，选择其作为本节的调研区域。

为确保问卷理解的准确性和一致性，出发前对调查人员进行了统一培训。本次调研采取随机抽样的原则，通过问卷直接询问村民的方式共回收样本599份，有效样本568份，有效样本率为94.82%。考虑到农地整理项目区面积差异性，各地样本分布情况如下：嘉鱼县的新街镇73份，潘家湾镇71份；洪湖市的老湾回族乡115份，龙口镇47份；阳新县的白沙镇104份；荆州区川店镇25份，马山镇34份，纪南镇32份，八岭山镇36份，李埠镇31份。有效样本中，男性占56.16%；平均年龄为55.73岁，50岁及以上的农民占72.50%；受教育程度在初中及以上的占 51.41%；村干部比例为 1.23%；党员比例为 6.34%；家庭平均承包面积为 10.42 亩；年均农业劳动时间为 7.68 个月；家庭年均总收入为 34 079.20 元，其中，年均非农业收入为 18 406.87 元；健康程度为一般及良好的占 94.19%。

四、计量模型及结果分析

结构方程模型整合了传统的因子分析与回归分析两种统计方法，可对各种因果关系模型进行估算与检验，能同时分析模型中潜变量与相应观察变量、潜变量与潜变量之间的关系（吴明隆，2010），这与研究内容相契合，因此，本节选择结构方程模型来分析农地整理项目建后管护制度绩效与制度公平、制度效率之间的内在作用机制及其与相应观察变量之间的关系。结构方程模型由测量模型和结构模型组成。测量模型用于衡量潜变量与观察变量之间的关系，可用式（5.16）和式（5.17）表示：

$$u = A_u \xi + \delta \qquad (5.16)$$

$$y = A_y \eta + \varepsilon \qquad (5.17)$$

式中，u 表示外生观察变量；y 表示内生观察变量；A_u 表示外生潜变量；A_y 表示内生潜变量；ξ 表示外生观察变量在外生潜变量上的因子负荷系数；η 表示内生观察变量在内生潜变量上的因子负荷系数；δ 表示外生观察变量的测量误差；ε 表示内生观察变量的测量误差。

结构模型用于衡量潜变量之间的关系，可用式（5.18）表示：

$$\eta = B\eta + \Gamma \xi + \varsigma \qquad (5.18)$$

式中，B 表示内生潜变量之间的回归系数；Γ 表示外生潜变量与内生潜变量之间的回归系数；ς 表示结构模型的误差。

本节依据制度绩效与制度公平、制度效率之间的内在关系，构建管护制度绩效影响机理的结构方程模型图（图 5.9）。测量模型由三部分组成：第一部分是反映制度公平的二阶模型，由政治公平、起点公平、机会公平、经济公平、社会公平五个外生潜变量及其外生观察变量构成；第二部分是反映制度效率的二阶模型，由经济效率、社会效率、生态效率三个外生潜变量及其外生观察变量构成；第三部分是反映制度绩效的二阶模型，由管护投入、管护措施、监督考核三个内生潜变量及其内生观察变量构成。结构模型主要反映制度公平、制度效率、制度绩效潜变量之间的关系。

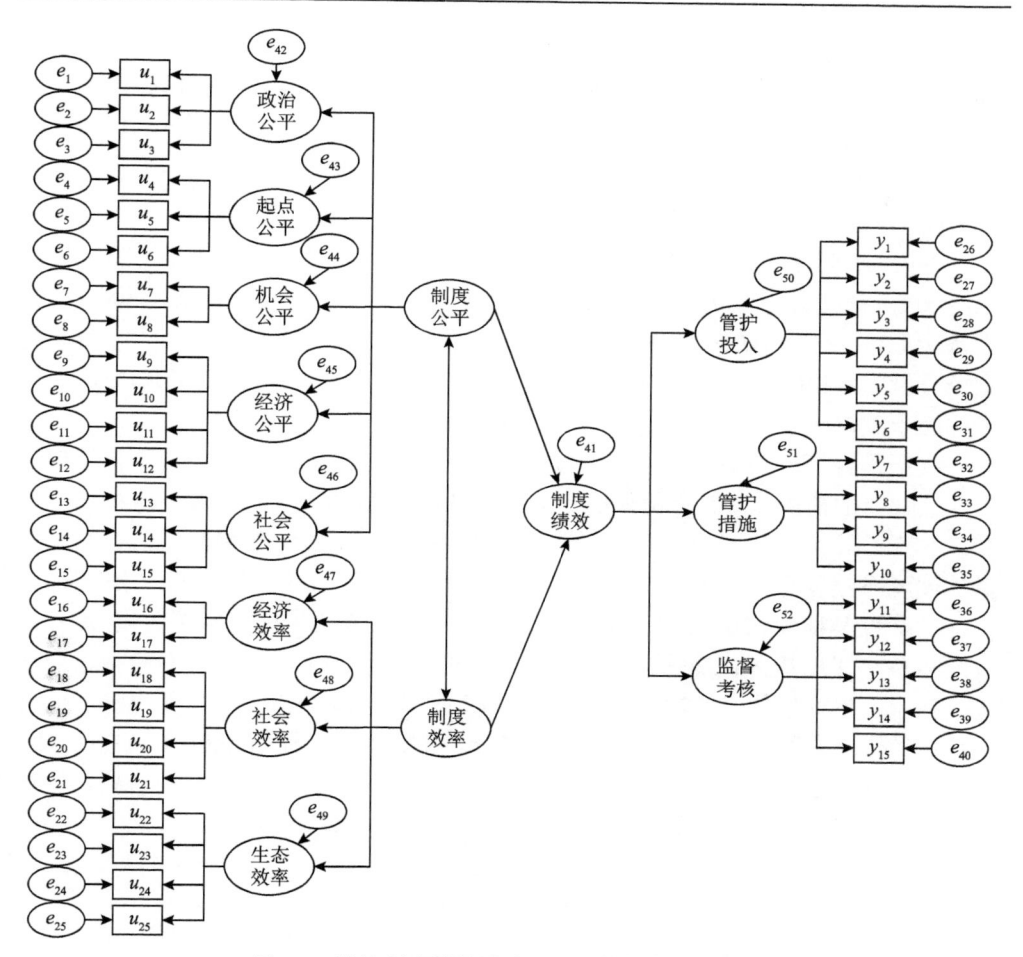

图 5.9 管护制度绩效影响机理的结构方程模型图

结构方程模型中各潜变量由与之对应的观察变量决定。制度公平因素中，政治公平由 $u_1 \sim u_3$ 变量决定，体现了管护制度实施过程中农民所享有的政治权利；起点公平由 $u_4 \sim u_6$ 变量决定，体现了管护制度实施过程中农民所享有的经济权利；机会公平由 u_7、u_8 变量决定，反映了管护制度实施规则是否合理；经济公平由 $u_9 \sim u_{12}$ 变量决定，反映了管护人员是否平等享有管护制度所带来的经济收益；社会公平由 $u_{13} \sim u_{15}$ 变量决定，反映了管护人员是否平等享有管护制度所带来的社会收益。制度效率因素中，经济效率由 u_{16}、u_{17} 变量决定，反映了管护制度对农业生产的增收程度；社会效率由 $u_{18} \sim u_{21}$ 变量决定，反映了管护制度对农民生活的改善程度；生态效率由 $u_{22} \sim u_{25}$ 变量决定，反映了管护制度对农村居住环境的优化程度。制度绩效因素中，管护投入由 $y_1 \sim y_6$ 变量决定，体现了管护人员投入及资金管理的合理程度；管护措施由 $y_7 \sim y_{10}$ 变量决定，体现了管护任务的履行程度；

监督考核由 $y_{11}\sim y_{15}$ 变量决定,体现了管护监督机制及考核机制的合理程度。

信度检验是衡量问卷的稳定性、一致性、可靠性的重要工具。最常用的问卷信度检验方法是测量克伦巴赫系数。本节采用 SPSS 软件可知,问卷整体克伦巴赫系数为 0.964,制度公平、制度效率、制度绩效三个潜变量测量系数分别为 0.897、0.926、0.954,均大于 0.700,表明问卷具有良好的信度。

效度是用于检测观察变量具体反映某一潜变量的有效程度或正确程度。本节采用 SPSS 进行因子分析,得出 KMO 值为 0.950,大于推荐的临界值 0.800;巴特利特球形检验值为 0.000,小于 0.001,表明本调查样本数据适合做因子分析。在因子分析中采用最大方差法得到旋转因子矩阵,结果显示观察变量在相应潜变量上的因子载荷高于 0.600,表明样本数据结构效度良好。

数据是否符合正态分布是采用极大似然法测算结构方程模型能否获得无偏、一致估计量的前提之一。通常偏度系数小于 2,峰度系数小于 5,数据服从正态分布。本节利用 AMOS 软件对调查数据的正态性进行了检验,结果显示所有测量变量的偏度系数和峰度系数的绝对值均为 0.012~0.856,表明数据服从正态分布。

适配度是检验调研数据与理论模型拟合程度的重要指标。本节利用 AMOS 21.0 软件,采用极大似然法,参考相关学者的研究,选取以下指标对模型适配度进行检验,指标值如表 5.22 所示。其中,RMSEA、IFI、CFI、TLI 超出参考值范围,表明预设模型与问卷数据无法有效拟合。根据修正指数(modified index,MI)从大到小增列 $e_{26}\leftrightarrow e_{27}$、$e_{30}\leftrightarrow e_{31}$、$e_{31}\leftrightarrow e_{32}$ 等误差项共变关系,直至模型拟合度通过检验,新增的共变关系能有效降低卡方值,且符合模型假定。

表 5.22 模型适配度指标值

指标	RMR	SRMR	RMSEA	IFI	CFI	TLI	χ^2/df	PNFI	PGFI
参考值	<0.080	<0.080	<0.080	>0.900	>0.900	>0.900	1~5	>0.500	>0.500
指标值	0.065	0.069	0.080	0.857	0.857	0.846	4.667	0.768	0.797
修正后指标值	0.059	0.063	0.064	0.911	0.911	0.903	3.313	0.806	0.836

为了使测量模型及结构模型能够正常识别,将每个潜变量的某一次阶潜变量及某一观察变量的路径系数固定为 1,将其作为参照变量,因此,该路径的标准误差(standard error,S. E.)值、临界比(critical ration,C. R.)值及 p 值无法估计。模型结果如图 5.10 及表 5.23 所示。

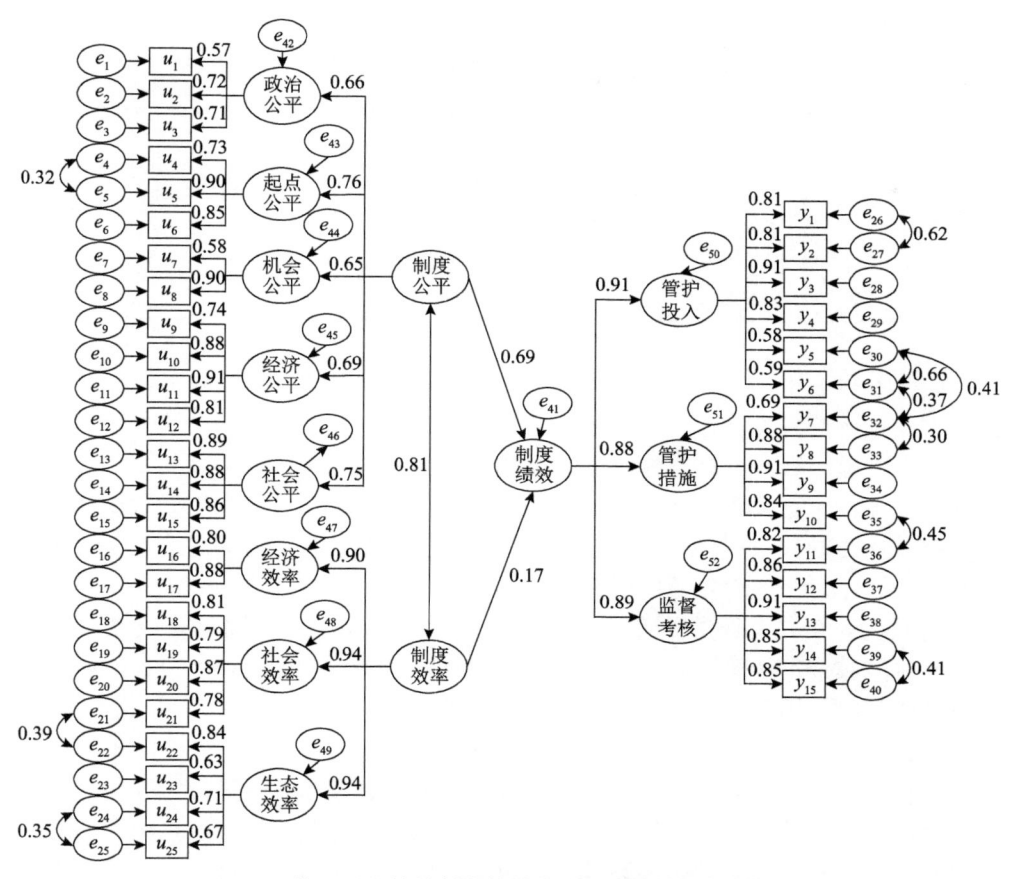

第五章 农地整理项目建后管护绩效的影响机理

图 5.10 修正后的管护制度绩效影响机理的结构方程模型图

表 5.23 各观察变量对相应潜变量的标准总效应（二）

观察变量	制度绩效	观察变量	制度公平	观察变量	制度效率
y_1	0.74	u_1	0.38	u_{16}	0.72
y_2	0.74	u_2	0.48	u_{17}	0.79
y_3	0.83	u_3	0.47	u_{18}	0.76
y_4	0.76	u_4	0.55	u_{19}	0.74
y_5	0.53	u_5	0.68	u_{20}	0.82
y_6	0.54	u_6	0.65	u_{21}	0.73
y_7	0.61	u_7	0.38	u_{22}	0.79
y_8	0.77	u_8	0.59	u_{23}	0.59
y_9	0.80	u_9	0.51	u_{24}	0.67
y_{10}	0.74	u_{10}	0.61	u_{25}	0.63

续表

观察变量	制度绩效	观察变量	制度公平	观察变量	制度效率
y_{11}	0.73	u_{11}	0.63		
y_{12}	0.77	u_{12}	0.56		
y_{13}	0.81	u_{13}	0.67		
y_{14}	0.76	u_{14}	0.66		
y_{15}	0.76	u_{15}	0.65		

（1）制度公平、制度效率直接或间接作用于制度绩效。制度公平→制度绩效的标准路径系数为 0.69，其 C.R.值为 6.96（大于 2.58），表明制度公平在 1%的统计水平上显著影响制度绩效，研究假说 1 得到验证，并与王昌海（2015）的研究结论一致。制度效率→制度绩效的标准路径系数为 0.17，其 C.R.值为 2.24（介于 1.96 与 2.58），表明制度效率在 5%的统计水平上显著影响制度绩效，研究假说 2 被验证。此外，制度公平与制度效率在 1%的统计水平上显著相关（C.R.=8.74），其相关系数为 0.81（研究假说 3 得到验证），表明制度公平可通过制度效率间接作用于制度绩效，其间接路径系数为 0.14（0.81×0.17=0.14）；制度效率也可通过制度公平间接作用于制度绩效，其间接路径系数为 0.56（0.81×0.69=0.56）。

（2）图 5.10 显示，制度绩效与管护投入、管护措施、监督考核的因子关系都很强，且差别较小，分别为 0.91、0.88、0.89，表明制度绩效的提升与管护前人员和资金的投入、管护中管护职责的履行及管护后监督考核的执行息息相关；制度公平与起点公平之间的因子关系较强，而与机会公平的因子关系较弱，表明相较于规则公平来说，农民更加重视获得经济权利公平；制度效率与社会效率和生态效率的因子关系较强，而与经济效率之间的因子关系相对较弱，表明所在地区管护带来的居住环境改善程度比经济收益的提升程度更加明显。

（3）结果显示所有的观察变量与潜变量之间的标准化路径系数均为 0.50～0.95，且 C. R.值大于 2.58，表明所有的负荷因子估计合理且在 1%的统计水平上显著。

主体选择与管护投入因子关系相对较强，表明农民对管护投入力度的感知结果与管护主体选择的公正合理程度密切相关。与管护措施因子关系相对较强的是破坏劝阻，说明及时劝阻管护设施破坏行为，避免"破窗效应"是履行管护措施的着力点。考核频率对监督考核的影响相对较强，应合理设置考核频率，充分发挥管护考核的激励与约束作用。

意见征询与政治公平因子关系相对较强，体现农民对参与权的重视程度，应保障每位农民参与管护的权利与机会，提高其管护参与的积极性。与起点公平因子关系相对较强的是人员充足，表明管护人员的充足合理程度对农民的公平感知程度具有重要影响。义务均等对机会公平的作用相对较强，应增强外部监督与惩罚的执行力度，抑制管护中"搭便车"的机会主义行为。与经济公平因子关系相对较强的是环境改善，表明农村居住环境的改善将有效提升农民的公平感知。尊重增加与社会公平因子关系相对较强，体现尊重需求的实现对农民的制度公平感知具有重要意义。

成本降低与经济效率因子关系相对较强，表明管护制度带来的农业生产成本降低程度越大，管护制度经济效率越高。与社会效率因子关系相对较强的是交往增加，显示了社交对农民制度效率感知的重要性，验证了农村社区"关系社会"的特性。土质改善与生态效率因子关系相对较强，表明管护对农田土质改善程度越高，作物景观和生物多样性越丰富，管护制度生态效率越高。

（4）表5.23显示主体选择对制度绩效的总效应最高（效应值为0.83），表明管护主体选择方式越公正合理，农民对管护制度的满意度越高。人员充足对制度公平的贡献最大（效应值为0.68），表明各项目区管护人员配备越充足，农民对管护制度公平感知程度越高。交往增加与制度效率的因子关系最强（效应值为0.82），表明管护制度对村民交往的改善程度越大，管护制度效率越高。

可以开展的进一步讨论是：在制度绩效与制度公平、制度效率的结构方程模型中删除制度效率因素，只探究制度公平对制度绩效的影响机理。根据修正指数由大到小依次增列 $e_{30} \leftrightarrow e_{32}$、$e_{26} \leftrightarrow e_{27}$、$e_{30} \leftrightarrow e_{31}$ 等残差共变关系后，模型的适配度通过了检验。结果显示所对应的路径系数的符号方向和显著性程度不变，且制度公平与制度绩效之间的路径系数为0.81，C.R.值为9.87。在制度绩效与制度公平、制度效率的结构方程模型中删除制度公平因素，模型修正合乎标准后可得，制度效率与制度绩效之间的路径系数为0.73，C.R.值为3.38。表明制度公平与制度效率显著正向影响制度绩效的研究结果不受其他变量因素和模型结构的影响，稳健性良好，且从路径系数和C.R.值来看，制度公平对制度绩效的影响更大。

通过调查可知，农地整理项目建后管护涉及田、水、路、林、村等相关基础设施的管护及村庄治理关系的调整，管护范围较大，工作相对繁重，项目区农民共享管护收益，但以相同比例分摊管护成本的可能性较小，容易产生奥尔森式的集体行动困境，造成"搭便车"的机会主义可能。在集体行动中，农民通常会与其他人员进行横向对比，根据其他人员的收益成本比例来调整自身的管护行为（贺雪峰，2004），当自身管护行为带来的正向外部性无偿被他人攫取时，项目区农民也将从众地"搭便车"，加重农村公共产品供给的负担及激化核心管护人员和非核心管护人员之间的矛盾，对农民的管护制度公平感知和村庄的和谐稳定造成威胁。解决"搭便车"行为的必要途径是对管护行为实施监督（谭智心和孔祥智，2012；肖云等，2012）（包括管护人员内部监督和其他村民对管护人员的监督）

或对投机行为进行惩罚（叶航，2012）。一方面监督（或惩罚）的成果由村民共享；另一方面监督（或惩罚）需要耗费大量时间、精力，而执行人员并不会因为监督（或惩罚）获得更高的收益，还可能面临着不被其他农民认可的风险，故此监督（或惩罚）效率不高，制度公平问题更为突出。

五、结论与建议

本节从公平与效率视角出发，依据萨托利的公平理论和制度效率的科学内涵，利用农民满意度来评价制度绩效，以湖北省嘉鱼县、洪湖市、阳新县、荆州市荆州区为实证区域，运用结构方程模型探析了农地整理项目建后管护制度绩效与制度公平、制度效率之间的作用机制。本节研究结果表明：①制度公平与制度效率既可直接作用于制度绩效，也可间接作用于制度绩效；制度公平与制度效率高度相关，二者相互正向影响。②制度绩效、制度公平、制度效率中影响最大的观察变量分别为主体选择、人员充足、交往增加。③模型运行结果具有稳健型，在"搭便车"行为的作用下，制度公平对制度绩效的影响更加显著。

由此本节提出以下建议：①主体选择对制度绩效的总效应最大，因此，建议改善管护主体选择方式，提升农民对管护制度的满意度。在当前管护人员普遍由村干部推荐、指定的前提下，充分利用宣传栏、广播、电话等各种渠道进行前期的宣传动员，确保绝大部分村民都有参与的机会；同时推进管护主体选择方式多元化，在有管护基础的地区引入市场机制，通过租赁、拍卖、承包、业主负责制等方式落实管护主体。②鉴于人员充足和"搭便车"等机会主义行为对制度公平的重要影响，建议依据管护工作量及其复杂程度，在基层政府大力支持下为各项目区安排适量的管护人员；定期对管护人员进行知识技能培训，加强管护人员的规范化管理，不断提升其专业素质与技能，推进农地整理管护人员的职业化进程。同时，加强管护内外部监督，鼓励农村社区内部监督，利用村内公告栏、广播等媒介定期对"搭便车"的行为予以披露；增加政府职能部门开展管护监督的频率，明确监督范围及整改标准等内容，促进管护监督制度化，最终确保管护实施的公正、透明、合理性，提高农民对管护制度的公平感知。③由于交往增加对制度效率的强烈影响，建议加强农民管护参与的平台与机制建设，号召社区农民共同参与管护决策与管护工作，促进社区成员相互沟通与交流，提升建后管护的制度效率。以村委会或农村经济组织为平台，召开成员大会，鼓励农民对管护主体选择、管护资金管理、管护信息宣传等进行充分的交流讨论；充分发挥正式管护制度和非正式管护制度的激励与约束作用（如物质奖励和社交压力），激发农民共同参与管护的积极性。

需要注意的是，本节选取的研究区域均为湖北省农地整理项目建后管护开展成效较好的地区，对管护制度绩效影响因素可能有所影响，后期可进一步扩大调研区域，增加样本类别，增强研究结果的适用性。依据研究成果对农地整理项目建后管护制度绩效进行定量测度是后续研究之一。

参 考 文 献

奥肯 A. 1999. 平等与效率. 王奔洲译. 北京: 华夏出版社.
奥斯特罗姆 E. 2012. 公共事物的治理之道: 集体行动制度的演进. 余逊达, 陈旭东译. 上海: 上海译文出版社.
蔡文华, 杨健, 刘志华, 等. 2012. 黑龙江省大兴安岭林区火烧迹地森林更新及其影响因子. 生态学报, 32(11): 3303-3312.
陈厚涛, 姜志德. 2013. 退耕农户生态建设意愿与行为分析——基于安塞和米脂的调研数据. 中国农业大学学报, 18(4): 224-231.
陈强. 2014. 高级计量经济学及 STATA 应用. 2 版. 北京: 高等教育出版社.
陈燕. 2007. 公平与效率. 北京: 中国社会科学出版社.
陈永昶, 郭净, 徐虹. 2015. 新制度环境下旅行社机会主义行为治理研究——基于游客感知视角. 旅游学刊, 30(6): 30-38.
陈志刚, 曲福田. 2006. 农地产权结构与农业绩效: 一个理论框架. 学术月刊, 38(9): 87-92.
丁勇, 梁昌勇, 朱俊红, 等. 2010. 群决策中基于二元语义的主客观权重集成方法. 中国管理科学, 18(5): 165-170.
弗鲁博顿 E G, 芮切特 R. 2012. 新制度经济学: 一个交易费用分析范式. 姜建强, 罗长远译. 上海: 格致出版社.
高铁梅, 王金明, 梁云芳, 等. 2009. 计量经济分析方法与建模: Eviews 应用及实例. 2 版. 北京: 清华大学出版社.
龚继红, 钟涨宝. 2014. 制度效率、职业满意度与职业忠诚关系的实证分析——基于湖北省 10 县(市、区)基层农技人员的调查. 中国农村观察, (4): 71-83.
谷领旗. 2007. 非正式制度影响下的我国农地制度变迁研究. 首都师范大学硕士学位论文.
何锁柱, 和春雷. 1997. 公平、制度安排与效率. 当代经济科学, (6): 65-69.
何一鸣, 罗必良. 2010. 产权管制, 制度行为与经济绩效——来自中国农业经济体制转轨的证据(1958~2005 年). 中国农村经济, (10): 1-15.
何一鸣, 罗必良. 2011. 产业特性、交易费用与经济绩效——来自中国农业的经验证据(1958~2008 年). 山西财经大学学报, 33(3): 57-62.
贺雪峰. 2004. 熟人社会的行动逻辑. 华中师范大学学报(人文社会科学版), 43(1): 5-7.
胡珍. 2014. 基于农户视角的农地整理项目后期管护绩效评价研究. 华中农业大学硕士学位论文.
花菲菲, 马耀峰. 2016. 入境旅游流"驱动力—状态—响应"模型构建. 资源开发与市场, 32(10): 1238-1243.
黄金荣. 2014. "规范性文件"的法律界定及其效力. 法学, (7): 10-20.
贾云洁, 王会金. 2012. 价值取向与政府绩效审计评价体系构建研究. 山东社会科学, (1): 146-149.

参考文献

姜广东. 2002. 非正式制度约束对农村经济组织的影响. 财经问题研究, (7): 35-40.

勒温 K. 2003. 拓扑心理学原理. 高觉敏译. 北京: 商务印书馆.

李灿金. 2013. 熟人社会背景下非正式制度的运行机理探析. 云南社会科学, (6): 152-155.

李长生, 张文棋. 2015. 信贷约束对农户收入的影响——基于分位数回归的分析. 农业技术经济, (8): 43-52.

李春林, 刘淼, 胡远满, 等. 2014. 基于增强回归树和 Logistic 回归的城市扩展驱动力分析. 生态学报, 34(3): 727-737.

李金玉. 2016. 农地整治项目建后管护模式的绩效差异及其原因研究. 华中农业大学硕士学位论文.

李孔岳. 2009. 农地专用性资产与交易的不确定性对农地流转交易费用的影响. 管理世界, (3): 92-98, 187, 188.

李力东. 2017. 调整或确权: 农村土地制度的公平与效率如何实现?——基于山东省 L 村的调查研究. 公共管理学报, 14(1): 117-127.

李龙, 宋月萍. 2016. 农地流转对家庭化流动的影响——来自流出地的证据. 公共管理学报, 13(2): 76-83.

李学. 2009. 不完全契约、交易费用与治理绩效——兼论公共服务市场化供给模式. 中国行政管理, (1): 114-118.

李学瑞, 汤小橹, 金晓斌, 等. 2009. 土地整理复垦开发重大项目特征与管理模式研究. 中国土地科学, 23(9): 59-62.

李怡, 高岚. 2012. 集体林权制度改革之广东实践的效率评价——基于"结构—行为—绩效"的分析框架. 农业经济问题, (5): 88-94.

林培锦. 2015. 勒温场理论下当代大学生学习兴趣的培养探究. 中国大学教学, (6): 67-71.

刘玥, 帅传敏, 程欣, 等. 2017. 基于 DSR 模型的三峡库区贫困的时空演变分析——生态减贫视角. 经济地理, 37(7): 156-165.

卢现祥. 2011. 新制度经济学. 武汉: 武汉大学出版社.

罗必良. 2004. 农业经济组织的效率决定——一个理论模型及其实证研究. 学术研究, (8): 49-57.

罗必良. 2005. 新制度经济学. 太原: 山西经济出版社.

罗必良, 李尚蒲. 2010. 农地流转的交易费用: 威廉姆森分析范式及广东的证据. 农业经济问题, (12): 30-40.

罗必良, 吴晨, 刘成香. 2007. 两种不同农业产业化经营组织形式的选择逻辑——基于交易费用的视角. 新疆农垦经济, (3): 33-37.

罗文斌, 吴次芳, 倪尧, 等. 2013. 基于农户满意度的土地整理项目绩效评价及区域差异研究. 中国人口·资源与环境, 23(8): 68-74.

吕晓, 牛善栋, 张全景, 等. 2015. 基于内容分析法的集体建设用地流转政策演进分析. 中国土地科学, 29(4): 25-33.

马文峰. 2000. 试析内容分析法在社科情报学中的应用. 情报科学, (4): 346-349.

倪星, 余琴. 2009. 地方政府绩效指标体系构建研究——基于 BSC, KPI 与绩效棱柱模型的综合运用. 武汉大学学报(哲学社会科学版), 62(5): 702-710.

牛品一, 陆玉麒, 彭倩. 2013. 基于分位数回归的江苏省城市化动力因子分析. 地理科学进展,

32(3): 372-380.
诺思 D C. 1994. 经济史中的结构与变迁. 陈郁, 罗华平译. 上海: 上海三联书店.
诺思 D C. 2008. 制度、制度变迁与经济绩效. 杭行译. 上海: 格致出版社.
帕森斯 T. 2003. 社会行动的结构. 张明德, 夏遇南, 彭刚译. 南京: 译林出版社.
彭兰香, 李佳丽, 刘婷. 2015. 基于绩效棱柱和 PSR 模型的水环保绩效审计评价体系构建研究——以浙江省"五水共治"为例. 财经论丛, (5): 67-73.
瞿忠琼, 濮励杰. 2006. 城市土地供给制度绩效评价指标体系研究——以南京市为例. 中国土地科学, 20(1): 45-49.
饶旭鹏, 刘海霞. 2012. 非正式制度与制度绩效——基于"地方性知识"的视角. 西南大学学报(社会科学版), 38(2): 139-144, 176.
任星耀, 廖隽安, 钱丽萍. 2010. 双重分销体系中制度化过程对关系规范的影响. 管理评论, 22(11): 37-45.
萨托利 G. 1993. 民主新论. 冯克利, 阎克文译. 北京: 东方出版社.
上官彩霞, 冯淑怡, 吕沛璐, 等. 2014. 交易费用视角下宅基地置换模式的区域差异及其成因. 中国人口·资源与环境, 24(4): 107-115.
邵红伟. 2017. 如何实现效率与公平的统一——推进保障机会平等的制度公平. 经济学家, (1): 5-15.
斯科特 W R. 2010. 制度与组织: 思想观念与物质利益. 3 版. 姚伟, 王黎芳译. 北京: 中国人民大学出版社.
斯密 A. 1998. 道德情操论. 蒋自强, 钦北愚, 朱钟棣, 等译. 北京: 商务印书馆.
孙鹃娟, 沈定. 2017. 中国老年人口的养老意愿及其城乡差异——基于中国老年社会追踪调查数据的分析. 人口与经济, (2): 11-20.
谭荣. 2010. 制度环境与自然资源的可持续利用. 自然资源学报, 27(7): 1218-1227.
谭智心, 孔祥智. 2012. 不完全契约、内部监督与合作社中小社员激励——合作社内部"搭便车"行为分析及其政策含义. 中国农村经济, (7): 17-28.
汤喆. 2006. 交易费用理论综述. 吉林大学硕士学位论文.
田甜, 杨钢桥, 赵微, 等. 2014. 农民参与农地整理项目行为决策研究——基于武汉城市圈农地整理项目的实证分析. 中国土地科学, 28(8): 49-56.
汪文雄, 李敏, 杨钢桥, 等. 2014. 标杆管理视角下农地整治项目后期管护效率测度研究. 南京农业大学学报(社会科学版), 14(4): 75-84.
王瑷玲, 赵庚星, 史娟. 2005. 我国土地整理发展的现状、问题与对策研究. 山东农业大学学报(社会科学版), (4): 45-48, 125, 126.
王昌海. 2015. 效率、公平、信任与满意度: 乡村旅游合作社发展的路径选择. 中国农村经济, (4): 59-71.
王聪, 胡银根, 廖成泉. 2017. 农民参与农地整理项目的行为动机研究. 特区经济, (6): 47-50.
王岱, 蔺雪芹, 刘旭, 等. 2014. 北京市县域都市农业可持续发展水平动态分异与提升路径. 地理研究, 33(9): 1706-1715.
王佃利, 刘保军. 2012. 公民满意度与公共服务绩效相关性问题的再审视. 山东大学学报(哲学社会科学版), (1): 109-114.
王丽萍. 2006. 政治心理学中的态度研究. 北京大学学报(哲学社会科学版), (1): 132-141.

参考文献

王良健, 罗凤. 2010. 基于农民满意度的我国惠农政策实施绩效评估——以湖南、湖北、江西、四川、河南省为例. 农业技术经济, (1): 56-63.

王文贵. 2007. 互动与耦合: 非正式制度与经济发展. 北京: 中国社会科学出版社.

危小建, 刘耀林, 王娜. 2014. 湖北省土地整治项目空间分异格局. 农业工程学报, 30(4): 195-203.

威廉姆森 O E. 2001. 治理机制. 石烁译. 北京: 机械工业出版社.

魏龙, 潘安. 2016. 出口贸易和FDI加剧了资源型城市的环境污染吗？——基于中国285个地级城市面板数据的经验研究. 自然资源学报, 31(1): 17-27.

温忠麟, 叶宝娟. 2014. 中介效应分析: 方法和模型发展. 心理科学进展, 22(5): 731-745.

吴九兴, 杨钢桥. 2013. 农民参与评价农地整理项目的意愿及其影响因素. 中国农业大学学报, 18(6): 198-206.

吴九兴, 杨钢桥. 2014. 农地整理项目农民参与行为的机理研究. 中国人口·资源与环境, 24(2): 102-110.

吴明隆. 2010. 结构方程模型——AMOS的操作与应用. 重庆: 重庆大学出版社.

吴诗嫚, 杨钢桥, 汪文雄. 2013. 农户参与农地整理项目规划设计意愿的影响因素研究. 中国土地科学, 27(6): 66-72.

吴要武. 2010. 寻找阿基米德的"杠杆"——"出生季度"是个弱工具变量吗？. 经济学(季刊), 9(2): 661-686.

夏茂林. 2016. 非正式制度视角下义务教育教师流动问题分析. 教师教育研究, 28(1): 43-48.

肖云, 陈涛, 朱治菊. 2012. 农民专业合作社成员"搭便车"现象探究——基于公共治理的视角. 中国农村观察, (5): 47-53, 95, 96.

谢迪, 吴春梅. 2013. 村庄治理对公共服务效率的影响: 解析鄂省1098份问卷. 改革, (11): 97-105.

谢勇. 2013. 基于分位数回归的农民工人力资本收益率的估算. 农业技术经济, (4): 4-12.

辛杰. 2014. 基于正式制度与非正式制度协同的企业社会责任型构. 山东大学学报(哲学社会科学版), (2): 45-52.

熊凯. 2012. 农地整理中工程设施的产权配置与管护模式研究. 华中农业大学硕士学位论文.

闫梅, 黄金川, 彭实铖. 2011. 中部地区建设用地扩张对耕地及粮食生产的影响. 经济地理, (7): 1157-1164.

严立冬, 麦瑜翔, 潘志翔, 等. 2013. 农地整治项目农户满意度及影响因素分析. 资源科学, 35(6): 1143-1151.

杨德全. 2017. 湖北省"十三五"农村土地综合整治研究. 地理空间信息, 15(4): 18, 19.

杨东升. 2015. 欠发达国家经济增长与金融发展——一个基于工具变量的分析. 中国农村经济, (1): 85-95.

杨建春, 李黛. 2012. 基于勒温场论的高校教师激励机制探析. 东北大学学报(社会科学版), 14(6): 544-548.

叶航. 2012. 公共合作中的社会困境与社会正义. 经济研究, (8): 132-145.

余家林, 肖枝红. 2008. 多元统计及SAS应用. 武汉: 武汉大学出版社.

袁庆明. 2003. 制度效率的决定与制度效率递减. 湖南大学学报(社会科学版), 17(1): 40-43.

张海鑫. 2013. 农地整理项目后期管护资金供需研究. 华中农业大学硕士学位论文.

张磊, 王晨. 2011. 基于内容分析法的中美城市规划公共政策议题比较研究. 城市发展研究, 18(11): 33-38.
张林, 张向葵. 2003. 态度研究的新进展——双重态度模型. 心理科学进展, (2): 171-176.
张五常. 2008. 新制度经济学的现状及其发展趋势. 当代财经, (7): 5-9.
张以晨, 佴磊, 孟凡奇, 等. 2011. 基于最优组合赋权理论的可拓学评价模型的应用. 吉林大学学报(地球科学版), 41(4): 1110-1115.
赵微. 2015. 基于制度构成理论的农地整理建后管护的农民意愿研究. 中国土地科学, 29(9): 89-96.
赵微, 吴诗嫚. 2016. "结构—行为—绩效"框架下农地整理的管护绩效研究. 长江流域资源与环境, 25(2): 249-256.
赵微, 杨钢桥, 李金玉. 2017. 交易费用视角下农地整理管护绩效的影响因素研究. 自然资源学报, 32(9): 1505-1516.
钟文晶, 罗必良. 2014. 契约期限是怎样确定的?——基于资产专用性维度的实证分析. 中国农村观察, (4): 42-51, 95, 96.
钟晓兰, 李江涛, 冯艳芬, 等. 2015. 农户认知视角下广东省农村土地流转意愿与流转行为研究. 资源科学, 35(10): 2082-2093.
周惠, 赵微, 徐雯. 2017. 基于Lewin行为模型的农地整理项目农民管护行为研究. 资源开发与市场, 33(2): 129-133.
周振超. 2005. 打破职责同构: 条块关系变革的路径选择. 中国行政管理, (9): 103-106.
周中胜, 何德旭, 李正. 2012. 制度环境与企业社会责任履行: 来自中国上市公司的经验证据. 中国软科学, (10): 59-68.
卓越. 2004. 公共部门绩效评估的主体建构. 中国行政管理, (5): 17-20.
Ajzen I. 1991. The theory of planned behavior. Organization Behavior and Human Decision Processes, 50(2): 179-211.
Chen M, Lu Y, Ling L, et al. 2015. Drivers of changes in ecosystem service values in Ganjiang upstream watershed. Land Use Policy, (47): 247-252.
Coase R H. 1937. The nature of the firm. Economica, 4(16): 386-405.
Elith J, Leathwick J R, Hastie T. 2008. A working guide to boosted regression trees. Journal of Animal Ecology, 77(4): 802-813.
Farh J L, Earley P C, Lin S C. 1997. Impetus for action: a cultural analysis of justice and organizational citizenship behavior in Chinese society. Administrative Science Quarterly, 42(3): 421-441.
Grewal R, Dharwadkar R. 2002. The role of the institutional environment in marketing channels. Journal of Marketing, 66(3): 82-97.
Hoffman A J. 1997. From Heresy to Dogma: An Institutional History of Corporate Environmentalism. San Francisco: New Lexington Press.
Neely A, Adams C. 2003. The new spectrum: how the performance prism framework helps. Business Performance Management, (2): 39-47.
North D C. 1990. Institutions, Institutional Change and Economic Performance. Cambridge: Cambridge University Press.

North D C. 1994. Economic performance through time. The American Economic Review, 84(3): 359-368.

Prasad A M, Iverson L R, Liaw A. 2006. Newer classification and regression tree techniques: bagging and random forests for ecological prediction. Ecosystems, 9(2): 181-199.

Rotundo M, Sackett P R. 2002. The relative importance of task, citizenship, and counterproductive performance to global ratings of job performance: a policy-capturing approach. Journal of Applied Psychology, 87(1): 66-80.

Scott W R, Christensen S. 1995. The Institutional Construction of Organizations. Thousand Oaks: Sage Publications.

Srinivas C, Kumar S. 2010. Is structure-conduct-performance a case of structure-performance? structural equation modelling of Indian industries. International Journal of Business and Emerging Markets, 2(1): 3-22.

Tse D K, Wilton P C. 1988. Models of consumer satisfaction formation: an extension. Journal of Marketing Research, 25: 204-212.

Viswesvaran C, Ones D S. 2000. Perspectives on models of job performance. International Journal of Selection and Assessment, 8(4): 216-226.

Williamson O E. 1979. Transaction-cost economics: the governance of contractual relations. The Journal of Law and Economics, (22): 233-261.

Williamson O E. 1996. The Mechanisms of Governance. New York: Oxford University Press.

附　录

调　查　问　卷

（河南邓州、广西龙州等地农地整理项目建后管护状况调查问卷）

问卷编号：_____
调查时间：_____

尊敬的农民朋友：

您好！

我们是华中农业大学的学生，主要从事农地整理项目建后管护方面的研究，此次调查旨在了解河南邓州、广西龙州等地农地整理项目建后管护情况及效果，为评价农地整理项目建后管护绩效提供科学依据。本次调查所得资料仅作学术研究之用，问卷采取匿名方式调查，对您所提供的信息绝对保密，请无需顾虑，根据您的个人实际情况选择相应的选项或填入相应的内容，非常感谢您的支持与配合！

祝您生活愉快！

华中农业大学公共管理学院
2015 年 1 月 5 日

调查地点：_____市_____镇（乡）_____村_____组（屯）

第一部分　基本特征

（一）被调查者的基本情况

1. 性别：（　　）①男　　②女
2. 年龄：（　　）岁
3. 受教育程度：（　　）①小学及以下　②初中　③高中　④大专　⑤大专以上
4. 您是否为村干部：（　　）①是　　②否
5. 您是否为中共党员：（　　）①是　　②否

6. 您去年从事农业劳动时间为_____个月，非农业劳动（打工、经商等）时间为_____个月，闲暇时间为_____个月。
7. 您家去年家庭年总收入_____元，其中，种植收入_____元，其他农业收入_____元，非农业收入_____元。（总收入=种植收入+其他农业收入+非农业收入）
8. 您家承包耕地面积为_____亩。去年实际耕种的耕地面积为_____亩，其中：水田_____亩，地块数为_____块；旱地_____亩，地块数为_____块。您家耕地可以采用机械化耕作的面积为_____亩。
9. 目前您家租种他人耕地_____亩（或租出耕地_____亩），年租金为_____元/亩。

（二）村庄基本情况

10. 您所在村庄农地整理项目开工时间_____，竣工时间_____，工程设施投入使用时间为_____（具体到月）。
11. 您所在村庄的农地整理类型为_____？
    ①"小块并大块"　　②政府主导的传统
12. 您所在村庄实施的农地整理项目有以下哪些工程_____？（可多选）
    ①土地平整　②灌溉与排水　③田间道路　④农田防护　⑤村庄整治
13. 您所在村庄农地整理项目完工后的建后管护模式为_____？
    ①集体管护模式　　　　②农户联合管护模式　　　③农民组织管护模式
    ④农业企业管护模式　　⑤没有管护　　　　　　　⑥其他_____
14. 您所在村庄农地整理项目建后管护的对象主要包括_____？（可多选）
    ①田埂田面工程　②灌溉排水工程　③道路工程　④农田防护工程
    ⑤村庄整治工程
15. 您所在村庄的耕地主要用于种植_____？（可多选）
    ①甘蔗　②水稻　③玉米　④花生　⑤木薯　⑥香蕉　⑦八角　⑧红薯　⑨小麦
    ⑩其他_____
16. 您所在村庄有哪些农民合作社或农民组织_____？（可多选）
    ①畜牧、家禽或水产养殖等专业合作社
    ②蔬菜或瓜果种植等专业合作社
    ③水稻或棉花种植专业合作社
    ④农机服务或农业技术推广专业合作社
    ⑤耕地保护协会或农民用水者协会等农民组织
    ⑥其他_____

⑦没有
17. 您所在地非农劳动力工资为_____元/天，农业劳动力工资为_____元/天。
18. 您所在地的农地整理项目涉及的农地面积为_____亩。
19. 您所在地是否有农业企业_____？ ①是 ②否
若有，该农业企业名称为_____，您对该农业企业相关情况是否熟悉_____？

第二部分　农民对农地整理项目的认知

（一）农民对农地整理项目的认知情况

1. 您平时对土地资源相关的生态问题是否关注？
①根本不关注　②不是很关注　③一般　④比较关注　⑤非常关注
2. 您平时对水资源相关的环境问题是否关注？
①根本不关注　②不是很关注　③一般　④比较关注　⑤非常关注
3. 您平时对生活环境相关的问题是否关注？
①根本不关注　②不是很关注　③一般　④比较关注　⑤非常关注
4. 您觉得农地整理后村里的耕地面积总量有没有增加？
①没有　②略微增加　③明显增加
5. 您本人承包经营的耕地面积有没有扩大？
①没有　②略微增加　③明显增加
6. 您觉得农地整理是否改变耕地的细碎化程度？
①明显降低　②略微降低　③没有变化　④略微提高　⑤明显提高
7. 您本人承包经营的耕地机械化耕作程度有没有提高？
①明显降低　②略微降低　③没有变化　④略微提高　⑤明显提高
8. 您觉得农地整理是否改变耕地的肥力？
①明显降低　②略微降低　③没有变化　④略微提高　⑤明显提高
9. 您是否增加了耕作过程中的化肥使用量？
①明显降低　②略微降低　③没有变化　④略微提高　⑤明显提高
10. 您是否增加了耕作过程中的农药使用量？
①明显降低　②略微降低　③没有变化　④略微提高　⑤明显提高
11. 您是否增加了耕作过程中的农膜使用量？
①明显降低　②略微降低　③没有变化　④略微提高　⑤明显提高
12. 您觉得农地整理是否改变耕地的抗灾能力和生产能力？
①明显降低　②略微降低　③没有变化　④略微提高　⑤明显提高

13. 您是否在农地整理后调整了种植结构（改变种植的作物、调整种植面积）？
    ①没有调整　　②略微调整　　③较大幅度调整
14. 您在农地整理后的农业收入是否有所增加？
    ①明显降低　　②略微降低　　③没有变化　　④略微提高　　⑤明显提高
15. 您觉得农地整理后村里水塘的水质有没有变化？
    ①明显降低　　②略微降低　　③没有变化　　④略微提高　　⑤明显提高
16. 您觉得农地整理后村里小型河道的水质有没有变化？
    ①明显降低　　②略微降低　　③没有变化　　④略微提高　　⑤明显提高
17. 您在农地整理后是否增加了洗涤物品的频次？
    ①明显降低　　②略微降低　　③没有变化　　④略微提高　　⑤明显提高
18. 您在农地整理后是否增加了垂钓、嬉水等活动的频次？
    ①明显降低　　②略微降低　　③没有变化　　④略微提高　　⑤明显提高
19. 您觉得农地整理后灌溉水质有没有变化？
    ①明显降低　　②略微降低　　③没有变化　　④略微提高　　⑤明显提高
20. 您在农地整理后是否因水质不符要求而寻找替代水源（如抽取地下水）？
    ①没有　　②有，但不频繁　　③有，比较频繁
21. 您觉得农地整理后灌溉水量有没有变化？
    ①明显降低　　②略微降低　　③没有变化　　④略微提高　　⑤明显提高
22. 您在农地整理后的灌溉过程中付出的劳力有没有变化？
    ①明显降低　　②略微降低　　③没有变化　　④略微提高　　⑤明显提高
23. 您在农地整理后的灌溉过程中付出的费用（电费等）有没有变化？
    ①明显降低　　②略微降低　　③没有变化　　④略微提高　　⑤明显提高
24. 您觉得农地整理后村里垃圾倾倒现象有没有变化？
    ①明显恶化　　②略微恶化　　③没有变化　　④略微改善　　⑤明显改善
25. 您在农地整理后有没有形成定点倾倒垃圾的习惯？
    ①没有　　②有，但偶尔不遵循　　③有，严格遵循
26. 您觉得农地整理后村里污水排放现象有没有变化？
    ①明显恶化　　②略微恶化　　③没有变化　　④略微改善　　⑤明显改善
27. 您在农地整理后有没有形成按规定排放污水的习惯？
    ①没有　　②有，但偶尔不遵循　　③有，严格遵循
28. 您觉得农地整理后村里绿化程度有没有变化？
    ①明显恶化　　②略微恶化　　③没有变化　　④略微改善　　⑤明显改善
29. 您在平常会不会保护绿化苗木、劝阻破坏行为？
    ①没有　　②有，偶尔　　③有，十分积极

30. 您觉得农地整理后村里其他基础设施（道路、健身设施、晒场等）有没有变化？
　　①明显恶化　　②略微恶化　　③没有变化　　④略微改善　　⑤明显改善
31. 您在农地整理后有没有提高身体锻炼的频次？
　　①明显降低　　②略微降低　　③没有变化　　④略微提高　　⑤明显提高
32. 您在农地整理后有没有提高出行的频次？
　　①明显降低　　②略微降低　　③没有变化　　④略微提高　　⑤明显提高
33. 您在农地整理后有没有提高与村民交流的频次？
　　①明显降低　　②略微降低　　③没有变化　　④略微提高　　⑤明显提高

（二）农民对农地整理项目建后管护的认知情况

34. 您对农地整理项目建后管护制度的了解程度_____。
　　非常不了解：___①___：___②___：___③___：___④___：___⑤___：非常了解
35. 您认为农地整理项目建后管护工作的重要性_____。
　　非常小：___①___：___②___：___③___：___④___：___⑤___：非常大
36. 您对现行管护组织模式的认可程度_____。
　　完全不认可：___①___：___②___：___③___：___④___：___⑤___：完全认可

（三）农民参与农地整理项目建后管护的情况

37. 您是否愿意参加农地整理项目的建后管护工作_____？
　　①愿意　　②不愿意
38. 您是否实际参加了农地整理项目的建后管护工作_____？
　　①参加过　　②没有参加过
38.1 如果参加过，具体参加了哪些环节_____？（可多选）
　　①日常巡查　　②劝阻破坏行为　　③纠纷调处　　④维护与修复
　　⑤其他_____
38.2 如果没有参加过，请问您没有参与的原因有_____？（可多选）
　　①没时间　　②缺乏相关知识或技术，无法参与
　　③参与需要成本，不想参与
　　④想参与，但不知道怎样参与（缺乏明确的参与途径和管道）
　　⑤有关政策制度不完善，农民参与没有实际效果

第三部分　农地整理项目建后管护的绩效测度

（一）财务层面

◆ 投入

1. 您认为在农地整理项目建后管护中，管护资金投入的充足程度_____。
   非常低：____①____：____②____：____③____：____④____：____⑤____：非常高
2. 您认为在农地整理项目建后管护中，管护劳力投入的充足程度_____。
   非常低：____①____：____②____：____③____：____④____：____⑤____：非常高

◆ 产出

3. 开展农地整理项目建后管护可以提高粮食产量_____。
   完全不同意：____①____：____②____：____③____：____④____：____⑤____：完全同意
4. 开展农地整理项目建后管护可以降低农业生产成本_____。
   完全不同意：____①____：____②____：____③____：____④____：____⑤____：完全同意

（二）顾客层面

◆ 土地平整工程

5. 经过建后管护，您对田块平整工程的结构完好性、功能发挥的满意程度_____。
   非常低：____①____：____②____：____③____：____④____：____⑤____：非常高
6. 经过建后管护，您对田埂修筑工程的结构完好性、功能发挥的满意程度_____。
   非常低：____①____：____②____：____③____：____④____：____⑤____：非常高

◆ 灌溉排水工程

7. 经过建后管护，您对塘堰、泵站、管道等灌溉设施的结构完好性、功能发挥的满意程度_____。
   非常低：____①____：____②____：____③____：____④____：____⑤____：非常高
8. 经过建后管护，您对泵站、排水沟等排水设施的结构完好性、功能发挥的满意程度_____。
   非常低：____①____：____②____：____③____：____④____：____⑤____：非常高

◆ 田间道路工程

9. 经过建后管护，您对机耕道、机耕桥的结构完好性、功能发挥的满意程度_____。
   非常低：____①____：____②____：____③____：____④____：____⑤____：非常高

10. 经过建后管护，您对人行道、人行桥的结构完好性、功能发挥的满意程度_____。
    非常低：____①____：____②____：____③____：____④____：____⑤____：非常高

◆ 农田防护工程

11. 经过建后管护，您对防护林的结构完好性、功能发挥的满意程度_____。
    非常低：____①____：____②____：____③____：____④____：____⑤____：非常高

12. 经过建后管护，您对护沟、护坡、防洪堤的结构完好性、功能发挥的满意程度_____。
    非常低：____①____：____②____：____③____：____④____：____⑤____：非常高

◆ 村庄整治工程

13. 经过建后管护，您对村庄内部工程设施的结构完好性、功能发挥的满意程度_____。
    非常低：____①____：____②____：____③____：____④____：____⑤____：非常高

14. 经过建后管护，您对村庄内部环境的满意程度_____。
    非常低：____①____：____②____：____③____：____④____：____⑤____：非常高

（三）管护制度与流程层面

◆ 管护环境

15. 您认为在农地整理项目建后管护中，内部管护制度完善程度_____。
    非常低：____①____：____②____：____③____：____④____：____⑤____：非常高

16. 您认为在农地整理项目建后管护中，外部监督制度有效程度_____。
    非常低：____①____：____②____：____③____：____④____：____⑤____：非常高

17. 您认为在农地整理项目建后管护中，政策制度宣传到位程度_____。
    非常低：____①____：____②____：____③____：____④____：____⑤____：非常高

◆ 管护主体

18. 您认为在农地整理项目建后管护中，管护主体是否明确_____？

非常低：___①___：___②___：___③___：___④___：___⑤___：非常高

19. 您认为在农地整理项目建后管护中，管护人员是否明确_____？
    非常低：___①___：___②___：___③___：___④___：___⑤___：非常高
20. 您认为在农地整理项目建后管护中，农民参与积极程度_____。
    非常低：___①___：___②___：___③___：___④___：___⑤___：非常高

◆ 管护任务

21. 您认为在农地整理项目建后管护中，管护对象明确程度_____。
    非常低：___①___：___②___：___③___：___④___：___⑤___：非常高
22. 您认为在农地整理项目建后管护中，管护目标明确程度_____。
    非常低：___①___：___②___：___③___：___④___：___⑤___：非常高

◆ 管护措施

23. 您认为在农地整理项目建后管护中，对项目区进行巡查的及时性和有效性_____。
    非常低：___①___：___②___：___③___：___④___：___⑤___：非常高
24. 您认为在农地整理项目建后管护中，发现问题及时劝阻的及时性和有效性_____。
    非常低：___①___：___②___：___③___：___④___：___⑤___：非常高
25. 您认为在农地整理项目建后管护中，工程设施发生损毁时修复的及时性和有效性_____。
    非常低：___①___：___②___：___③___：___④___：___⑤___：非常高
26. 您认为在农地整理项目建后管护中，纠纷调处的及时性和有效性_____。
    非常低：___①___：___②___：___③___：___④___：___⑤___：非常高

（四）学习与成长层面

27. 您认为近年来农地整理项目建后管护的组织结构是否逐渐完善_____？
    非常不明显：___①___：___②___：___③___：___④___：___⑤___：非常明显
28. 您认为近年来农地整理项目的管护制度是否逐渐改进_____？
    非常不明显：___①___：___②___：___③___：___④___：___⑤___：非常明显
29. 您认为近年来农地整理项目建后管护中农民参与意识是否逐渐提升_____？
    非常不明显：___①___：___②___：___③___：___④___：___⑤___：非常

30. 您认为近年来农地整理项目建后管护中农民的管护技能是否逐渐提升_____？
非常不明显：____①____：____②____：____③____：____④____：____⑤____：非常明显

第四部分　农地整理项目建后管护的交易费用测度

（一）制定管护规则及其实施办法

◆　了解政府有关政策规定

1. 您是否为获取有关农地整理项目建后管护的政策、文件、精神和公开信息向相关部门进行咨询_____？
①是　　②否
2. 您咨询的部门是_____？
①村委会　　②国土资源管理所　　③其他_____
3. 您为获取有关农地整理项目建后管护的政策、文件、精神和公开信息，打电话咨询村委会或国土资源管理所等相关部门的次数为_____次，平均每次通话_____分钟，市话_____元/分钟。
4. 您家距离村委会_____千米，距离当地国土资源管理所_____千米，您家与您咨询的其他部门之间的距离为_____千米。
5. 您去咨询时选择的交通方式是_____，每种交通方式的费用为_____？
①骑摩托车（_____元/千米）　　②开小轿车（_____元/千米）
③乘坐汽车（_____元/千米）　　④走路/骑自行车
⑤其他（_____元/千米）

◆　编制管护规则及其实施办法初稿

6. 您是否了解本村编制项目区管护规则或村民公约的相关情况_____？
①编制了管护规则或村民公约，我很了解
②编制了管护规则或村民公约，我不太了解
③没有编制管护规则或村民公约
*（第6题若选①，回答下列问题；若选②或③，第7~16题不用回答。）
7. 您所在的村编制管护规则或村民公约时，是以下哪种方式_____？
①自行组织编制　　②依既定模板编制

7.1 第 7 题若选①，则您所在的村在编制管护规则或村民公约前，是否有外出到典型地区进行考察_____？

①是　　　②否

若选①，则回答下列问题；若选②，则本题回答结束。

（1）外出考察的次数为_____次，平均每次参与考察的人数为_____人，平均每次外出考察的时间为_____小时，外出考察人员的补贴为_____元/人。

（2）为外出考察打电话沟通联系的次数为_____次，平均每次通话_____分钟。

（3）考察地点离本村的距离为_____千米，考察时选择的交通方式是_____？

①骑摩托车　②开小轿车　③乘坐汽车　④走路/骑自行车

⑤其他_____

（4）为考察在外住宿的次数为_____次，每次住宿费用为_____元。

7.2 第 7 题若选②，则：

（1）您所在的村在编制管护规则或村民公约前，为学习规则编制模板，打电话沟通联系的次数为_____次，平均每次通话_____分钟。

（2）为学习规则编制模板出行的距离为_____千米，出行的交通方式是_____？

①骑摩托车　②开小轿车　③乘坐汽车　④走路/骑自行车

⑤其他_____

（3）参与学习规则编制的人数为_____人，学习的补贴为_____元/人。

8. 您所在的村在编制管护规则或村民公约时，联系组织人员编制时打电话的次数为_____次，平均每次通话_____分钟。

9. 您所在的村在编制管护规则或村民公约时，参与编制的人员到统一的地点进行工作，平均距离为_____千米，出行的交通方式是_____？

①骑摩托车　②开小轿车　③乘坐汽车　④走路/骑自行车

⑤其他_____

10. 您所在的村在编制管护规则或村民公约时，参与编制的人数为_____人，编制管护规则或村民公约的补贴为_____元/人。

◆ 召开农民代表大会，讨论确定管护规则及其实施办法

11. 您是否了解本村组织召开农民代表大会讨论确定管护规则及其实施办法的情况_____？

①有召开农民代表大会讨论，我很了解
②有召开农民代表大会讨论，我不太了解
③没有召开农民代表大会讨论

*（若选①，则回答下列问题；若选②或③，则本题结束。）

11.1 您所在的村组织了_____次农民代表大会，会议时长平均为_____小时，每次参加会议的人数平均为_____人。

11.2 组织农民代表大会时，通知召集农民开会时打电话联系的次数为_____次，平均每次通话_____分钟，市话为_____元/分钟。

11.3 农户家到开会地点的距离为_____千米，来参会时选择的交通方式为_____？
①骑摩托车　②开小轿车　③乘坐汽车　④走路/骑自行车　⑤其他_____

11.4 组织农民代表大会时买茶叶、烟等的费用为_____元/次。

11.5 参加会议人员的会议补贴为_____元/（人·次）。

◆ 管护规则及其实施办法宣传

12. 您所在的村对管护规则或村民公约的主要宣传形式为_____（可多选）
①设置宣传栏　②树立宣传牌　③粉刷标语　④发放宣传册
⑤其他_____

13. 您所在的村共设置了_____个宣传栏，购买一个宣传栏花费_____元，设置好一个宣传栏花费_____元。

14. 您所在的村共设置了_____个宣传牌，购买一个宣传牌花费_____元，设置好一个宣传牌花费_____元。

15. 您所在的村共粉刷了_____条标语，粉刷一条标语需花费_____元。

16. 您所在的村共购买了_____本宣传册，购买一本宣传册花费_____元，将宣传册送到小组或农户手中，平均距离为_____千米，选择的交通方式为_____。
①骑摩托车　②开小轿车　③乘坐汽车　④走路/骑自行车
⑤其他_____

（二）管护实施

◆ 项目区巡查

17. 您所在的项目区一年组织进行巡查的次数为_____次，每次巡查的人数为_____人，每次巡查的时间平均为_____小时，每次巡查的平均距离为_____千米。

18. 巡查人员的交通方式为_____。
    ①骑摩托车　②开小轿车　③乘坐汽车　④走路/骑自行车
    ⑤其他_____

19. 组织联系人员巡查时，打电话的次数为_____次，平均每次通话_____分钟。

◆ **劝阻破坏行为**

20. 您所在的项目区一年出现破坏行为或在破坏行为发生前进行劝阻的次数为_____次，每次参与劝阻工作的人数为_____人，每次劝阻的平均时间为_____小时，每次进行劝阻的平均距离为_____千米，劝阻人员的交通方式为_____。
    ①骑摩托车　②开小轿车　③乘坐汽车　④走路/骑自行车
    ⑤其他_____

21. 进行劝阻时，打电话的次数为_____次，平均每次通话_____分钟。

◆ **纠纷调处**

22. 您所在的项目区出现用水纠纷等冲突时，一年需要进行纠纷调处的次数为_____次，每次参与纠纷调处的人数为_____人，每次进行纠纷调处的平均时间为_____小时，每次进行纠纷调处的平均距离为_____千米，调解人员的交通方式为_____。
    ①骑摩托车　②开小轿车　③乘坐汽车　④走路/骑自行车
    ⑤其他_____

23. 进行纠纷调处时，打电话的次数为_____次，平均每次通话_____分钟。

◆ **组织维修**

24. 您所在的项目区工程设施出现损坏，一年需要维修的次数为_____次，每次参与维修的人数为_____人，每次进行维修的平均时间为_____小时。

25. 寻找农户或维修人员的平均距离为_____千米，维修人员的交通方式为_____。
    ①骑摩托车　②开小轿车　③乘坐汽车　④走路/骑自行车
    ⑤其他_____

26. 组织安排维修人员工作时，需要打_____次电话，平均每次通话_____分钟。

27. 参与维修的工作人员的劳务补贴为_____元/人。

（三）监管费用

28. 您所在的村，对农地整理项目建后管护工作是否设有专职监督管理人员_____？
    ①是　　②否

28.1 若选①，则监管人员为_____。
    ①政府人员　　②村委会干部　　③村民代表　　④企业高层或主管
    ⑤其他_____

28.2 当地共设有_____名监管人员，监管人员的工资为_____元/月，通信费_____元/月（发现问题及时汇报产生的费用），交通费_____元/月（进行巡查监督时产生的交通费用）。

28.3 若选②，则当地农地整理项目建后管护工作由谁监督执行_____？
    ①非专职监督人员　　②义务参与人员　　③无人监管
    若选①，则本地共有_____名非专职监督人员，非专职监督人员的补助为_____元/月，通信费为_____元/月（发现问题及时汇报产生的费用），交通费为_____元/月（进行巡查监督时产生的交通费用）。
    若选②，则本地共有_____名义务参与监督人员，义务参与监督人员的机会成本为_____元/月，通信费为_____元/月（发现问题及时汇报产生的费用），交通费为_____元/月（进行巡查监督时产生的交通费用）。